Francesco Luca Zagor Borghesi

Sangue misto

MNAMON

I proventi di questo volume sono a favore dell'Associazione 21 luglio Onlus, organizzazione non profit impegnata nella promozione dei diritti delle comunità rom e sinte in Italia, principalmente attraverso la tutela dei diritti dell'infanzia e la lotta contro ogni forma di discriminazione e intolleranza. L'associazione, che è composta da rom e non rom, è apartitica, persegue il fine esclusivo della solidarietà sociale, umana, civile e culturale, in particolare nel rispetto dei principi della Convenzione delle Nazioni Unite sui Diritti dell'Infanzia.

Prefazione

La Storia non è sempre la pagina della memoria scritta dai vincitori. Essa è anche la sbiadita narrazione scolpita dal sudore e dal sangue degli sconfitti e degli ultimi che silenziosamente, al ritmo delle fatiche e delle sofferenze quotidiane, ne hanno cambiato il corso mutando il destino dei propri figli. È la posizione di chi scrive la Storia che ce ne offre una parziale narrazione così come è la prospettiva di colui che la osserva e la decifra che ne cambia il giudizio.

Spetta a noi decidere se scorgere nelle alte mura dell'Anfiteatro Flavio le glorie dell'Impero Romano o ricordare «le vittime sacrificate nel nome del divertimento». Per quanto riguarda il Colosseo – scrive l'autore di *Sangue Misto* - «si parla di almeno mezzo milione di morti, durante il periodo di attività dell'anfiteatro, nel nome del divertimento. Siamo sicuri che il Colosseo debba essere ricordato come monumento per il quale vantarsi? Forse andrebbe raso al suolo!».

Nel Quattrocento la prima *"gens cingara"* si affaccia alle porte delle città europee. Le famiglie dai tratti orientali e dalla pelle scura si spostano da un punto all'altro del Paese vivendo in tende; gli uomini, dai lunghi capelli e dalla folta barba, praticano la lavorazione dei metalli mentre le donne dai lunghi pendenti amano intrattenersi in musiche e danze. Nella memoria dei cittadini risuonavano le parole della Genesi, il primo libro della Bibbia, la sorgente di ogni verità assoluta. Chi sono queste comunità che nel 1419 un cronista di Macon descriveva come «gente di terribile statura in quanto alla persona, con i capelli come una volta, che giacevano in terra come le bestie»? Sono i figli di Caino, allontanato per sempre dopo l'uccisione del fratello! Nel giardino dell'Eden la stimmate infamante che aveva marchiato il fratello maledetto aveva colpito infatti anche i suoi discendenti che sono Iabal, «il padre di quanti abitano sotto le tende presso il bestiame», Iubal, «il padre di tutti i suonatori di cetra e di flauto», Tubalkaim, «il padre di quanti lavorano il rame e il ferro».

Cambia la prospettiva, cambia la lettura dell'evento. Se ancora oggi ci convinciamo di un "peccato originale" che avrebbe segnato irrimediabilmente un gruppo (sub)umano per giustificare una alterità, scegliamo una prospettiva. Se viceversa non vediamo nell'Altro il fratello scacciato dall'Eden ma la porzione di umanità che ci manca per completare la nostra, optiamo per un'altra prospettiva. Anche Colombo, che qualche decennio dopo avrebbe incontrato il primo *indios* nell'Isola di san Salvador, segnò il corso della storia spalancando le porte all'Età Moderna. Epoca che si inaugura con un incontro mancato – l'omicidio dell'*indios* – e con il rifiuto nel riconoscimento della sua umanità.

Ieri come oggi sono le migrazioni umane, compiute da chi per conflitti o per fame fugge dal territorio di origine, gli eventi di rottura con cui si aprono i nuovi capitoli della Storia. A noi la responsabilità di saperci collocare da una parte o dall'altra, dentro o fuori le mura. Le mura della città medievale che ieri scacciava le comunità rom di passaggio e le mura della Fortezza Europa che oggi seppellisce i migranti nel cimitero chiamato Mediterraneo.

«La storia purtroppo viene ricordata in modo da potersene servire - scrive Zagor Borghesi – e sono pochi quelli che ricordano la storia davvero per come avvenne con dovizia di particolari».

Sangue Misto è un testo scritto da chi ha scelto volutamente e provocatoriamente di assumere una prospettiva differente. Leggerlo significa abbandonare le lenti degli occhiali che abbiamo deciso di montare ogni qual volta uno stretto spazio ci separa dall'Altro chiamato Rom. I figli dell'Aria, dell'Acqua, della Terra e del Fuoco sono i protagonisti delle pagine che seguono e la Storia – quella scandita dal ritmo dei conflitti – sembrano farla gli ultimi tre. Ma la Verità – come insegna il profeta Elia nelle pagine bibliche che nuovamente andiamo a riprendere – non è nel fragore di un terremoto ma nel «mormorio di un vento leggero» il cui ascolto è riservato ai figli dell'Aria e ai loro amici.

Carlo Stasolla, presidente Associazione 21 luglio

Capitolo Primo

L'origine del ceppo dell'Aria si ebbe a causa delle ripetute invasioni da parte degli Unni bianchi nel territorio dell'Impero Gupta.

Il fondatore dell'impero Gupta, Chandragupta, decise di relegare molte persone nella più infima categoria degli Jati. Pertanto, nel quattrocento dopo Cristo, un nutrito gruppo d'indiani decise di emigrare, per non combattere né a fianco né contro nessuno, e partì da un territorio dell'attuale India, molto vicino al Pakistan. Furono questi gli albori di un popolo ingiustamente perseguitato, screditato, emarginato, messo in condizione di sentirsi, non a ragione, meno importante di altre genti per centinaia, migliaia di anni e, forse, se non faremo qualcosa, per sempre.

Essi non erano combattenti, ma prevalentemente artisti, veri virtuosi.

Sapevano forgiare splendidi gioielli, ma anche vasellame, specialmente in rame, ballavano abilmente e cantavano soavemente; erano giocolieri ed anche maghi, cosa che spesso spaventava e dava adito a leggende poco piacevoli. All'epoca, ed anche nei secoli successivi, le magie e le illusioni terrorizzavano a tal punto che, chi le professava, veniva spesso isolato o, peggio, ucciso.

Quando ballavano, volteggiavano con sublime maestria, tanto che i volteggi sarebbero potuti sembrare capolavori creati dal loro Dio dell'Aria e raccoglievano sempre il consenso del pubblico.

Tra questi abili artisti vi erano due giovani ragazzi: Yhea, l'agile, e Ssaedhe, la risoluta.

I due ragazzi si videro e si amarono immediatamente di un amore pulito, sincero, profondo e indissolubile.

Yhea era un ragazzo molto alto, con lunghi capelli neri, dalla carnagione ambrata.

Era forte e agile, come il suo nome ricordava. Sapeva fare acrobazie in modo spontaneo, certamente inconsuete per l'epoca.

Quando si esibiva, tutti si fermavano ad ammirarlo, era meravigliosamente coordinato e mai faceva un movimento sgraziato.

Lei era davvero graziosa e soprattutto onorava, come il ragazzo, il proprio nome: aveva, infatti, un carattere risoluto che lasciava, chiunque parlasse con lei, quantomeno spaesato.

Sapeva cantare come un usignolo e spesso imitava le voci degli animali in modo perfetto.

I tratti somatici di lei erano ancor più vicini, a confronto di quelli di lui, ai caratteri che oggi conosciamo come indiani. Corpo affusolato, occhi scuri, carnagione ambrata; oggi, con quelle caratteristiche avrebbe potuto intraprendere, con grande successo, la carriera d'indossatrice.

I due giovani si aggregarono al gruppo in migrazione, sia per scelta sia per amore delle famiglie che avevano deciso, come loro, di non combattere contro nessuno. Erano persone davvero buone.

Non furono mai codardi, come all'epoca qualcuno insinuò, ma piuttosto avevano un rispetto sacrale verso la vita e ne conoscevano il valore inestimabile.

Yhea e Ssaedhe si promisero amore eterno e rispettarono questo giuramento anche dopo la nascita di quattro figli, tre maschi e una femmina.

Il primo maschio e la femmina furono chiamati proprio come i genitori, Yhea e Ssaedhe, gli altri due maschi furono Argetran e Dhiemm.

La vita della famiglia, composta dunque da sei persone, fu serena seppur semplice.

Yhea si occupava di procurare il cibo, fatto non quotidianamente scontato, e quanto altro necessario per il sostentamento, tramite la caccia di piccoli animali, quando si trovavano lontani dai centri abitati, e con lo scambio di manufatti artistici, che lui stesso produceva, quando incontravano altri popoli durante il loro peregrinare.

I manufatti erano, come descritto, prevalentemente in rame, anche se non era facile per Yhea procurarsi in ogni momento il materiale necessario; così, alle volte, scolpiva delle statuette in legno oppure addirittura in pietra, ma i risultati erano sempre sorprendenti.

La famiglia di Yhea e Ssaedhe aveva, dunque, subito la prima ingiustizia della storia, che li aveva spinti alla migrazione, ma mai avevano pensato di serbare rancore a nessuno. La loro mente non era annebbiata dal pensiero di vendetta; rimasero sempre un palmo più in alto di chi li aveva condannati all'esilio e accettarono quel sopruso con eleganza e filosofia.

La loro esistenza fu improntata alla semplicità ed anche all'onestà e al rispetto di ogni altro individuo incontrato; furono gentili e ben predisposti anche verso chi dimostrava loro diffidenza.

La loro cultura si sviluppò grazie alle loro esperienze.

Impararono a medicarsi e a medicare, impararono a cucinare cibi particolarmente nutrienti, anche se preparati con ingredienti davvero miseri, e alle volte capitò loro di nutrirsi anche d'insetti.

Mai si persero d'animo e furono uniti sempre dentro un unico e grande cuore.

Il padre, Yhea, con il tempo, riuscì a produrre manufatti sempre più belli e quindi sempre più preziosi.

Insegnò ai figli le tecniche, che da solo aveva imparato, per lavorare i metalli, la pietra ed il legno.

La famiglia avrebbe anche potuto fermarsi in un posto ben determinato, visto che nei suoi viaggi ne aveva incontrati molti di meravigliosi, tuttavia ci furono aspetti fondamentali che non glielo permisero.

Prima di tutto le persone che incontrarono, diffidenti e superbe, mal li accolsero, tanto da confinarli in territori che nessuno voleva. Aree senza acqua, rocciose e quindi non adatte ad allevare animali e a coltivare; furono "ghettizzati" in zone depresse.

Inoltre la loro attività li portò ad essere sempre e comunque nomadi.

Se da un lato, infatti, fu sempre difficile produrre manufatti e venderli nella prima cittadina incontrata, dall'altro, fu impensabile avere un'attività continuativa. Così, una volta che i curiosi acquirenti accettavano di comprare i loro prodotti, magari ricorrendo al baratto, non avevano le possibilità di garantire acquisti continuativi e, quindi, il ceppo dell'Aria era costretto a muoversi, per trovare nuovi possibili clienti.

In alcune cittadine, dove la gente si mostrò ospitale (non troppe purtroppo!), fu possibile esibirsi in spettacoli in cambio di cibo, ma anche in quei casi fu impossibile ripetere per molti giorni le esibizioni, in quanto le risorse a disposizione, anche dei più generosi,erano sempre troppo limitate per permettere loro piacevoli passatempi.

I figli avevano negli anni affinato le loro arti, al punto da potersi esibire in numeri acrobatici, canti accorati e balli armoniosi.

Il padre divenne presto un abile illusionista, tanto da promettere agli abitanti dei villaggi che se fosse riuscito a far sparire un agnello, questo, per scommessa, sarebbe divenuto di sua proprietà.

In alcuni casi fu ingiustamente accusato di furto, in quanto inizialmente la gente non credeva per nulla che lui potesse far sparire l'agnello e quindi lo sfidava a provare.

Yhea era molto chiaro: se non fosse riuscito nel suo numero, avrebbe donato alcune anfore in rame senza pretendere nulla in cambio, ma se l'agnello fosse sparito, nessuno avrebbe potuto richiederlo indietro.

La gente, che non aveva mai visto prima qualcosa di simile, per avere le anfore, senza nulla in cambio, lo derideva sfidandolo, ma quando stupita era costretta a constatare che l'agnello era davvero sparito, sotto una vecchia coperta, allora ne pretendeva la restituzione.

Pochi furono i casi in cui la gente fu felice di perdere un sano e prezioso agnello, in cambio di uno spettacolo incredibile.

Ai tempi un agnello costituiva una fortuna, una ricchezza che andava salvaguardata, anche a costo di rimangiarsi la parola.

Intanto, il ceppo dell'Aria crebbe, poichè i due figli presero in sposa ragazze pakistane disposte a seguirli nella loro migrazione.

In realtà, tutti i membri del ceppo si sarebbero anche definitivamente fermati nei pressi del fiume Indo, ma nessuna delle famiglie delle ragazze accettò il clan nomade.

La ragazza, invece, non trovò mai marito, pur essendo bella come la madre, in quanto, sebbene avesse avuto diverse richieste, avrebbe dovuto lasciare la famiglia, per restare con quella del pretendente,cosa per lei inconcepibile.

La sua decisione fu irremovibile, anche se nessuno del suo gruppo aveva mai pensato di mettere davanti all'amore i propri pregiudizi, chiedendole di restare con tutta la famiglia, che nel frattempo si era allargata.

In effetti, chi lavorava duramente seguendo i primi rudimenti dell'agricoltura, con modestissime riserve d'acqua a disposizione, mal guardava le persone che perdevano tempo a ballare; spesso provava per queste un sentimento di disprezzo.

È certo che ogni padre avrebbe picchiato la figlia se avesse manifestato la volontà di non aiutarlo, per seguire dei nomadi ballerini e cantanti.

Questa nuova stirpe, però, sapeva stare in armonia con il mondo, apprezzava le piccole cose e non temeva nulla, a parte ovviamente la morte.

Un'altra cosa davvero particolare, che caratterizzava ogni membro del clan, era l'aver sviluppato il senso dell'umorismo: vi erano dettagli che da altri non venivano percepiti, anche in piccoli fatti quotidiani, mentre loro ne gustavano gli immancabili risvolti comici.

Nacquero anche delle piccole competizioni, quando la sera, davanti ad un fuoco improvvisato, veniva acclamato chi riusciva a far ridere di più gli altri. La partecipazione al gioco era sempre permessa anche alle donne, e questo, in quel preciso momento storico, non era affatto scontato, quindi anche le femmine preparavano gustose scenette o esilaranti racconti comici.

Fu anche costume tipico di quegli anni, prerogativa di questo nuovo popolo, preparare dei piacevoli scherzi.

Il secondo ceppo, invece, di questa complicata storia, fu quello dell'Acqua, che germogliò nel territorio che oggi si chiama Germania, più precisamente nella zona dove oggi sorge la città di Wismar, che all'epoca non esisteva ancora.

Abo era un pescatore particolarmente diffidente e scontroso, a tratti anche cattivo, che mai aveva pensato a nessuno, se non a se stesso.

Era originario del popolo dei Varni venuto dal nord, dalla Scandinavia, ma si era staccato dal gruppo e, per un po' di tempo, aveva vissuto isolato. Era certamente un parente dei Vichinghi, anche se non ne conservava il ricordo e di conseguenza neppure un po' di affetto.

Due occhi blu belli, ma inespressivi, privi di sentimento.

Senza troppa convinzione, costruì un'abitazione vicino a quella di altri pescatori, anche loro senza un popolo e senza un Dio, per scacciare i pericoli di animali feroci, che forse avrebbe incontrato stando solo.

I vicini parlavano un'altra lingua, ma a lui, comunque, non piaceva mai conversare; non gli importava sapere, conoscere, e non si sforzò neppure di apparire simpatico.

Dopo alcuni anni, decise di mettere su famiglia, se così si può dire, solamente perché pensò fosse un vantaggio farlo. Mai provò davvero amore per nessuno, né per la moglie, né per i figli, che sarebbero venuti con il tempo.

Credette, infatti, che avere dei discendenti fosse come avere una protezione: questi lo avrebbero accudito quando, ormai vecchio, non fosse stato più in grado di pescare e, di conseguenza, di andare avanti; diciamo che pensò di mettere da parte una sorta di pensione.

Scelse come compagna la prima donna capitata per caso; non seppe mai neppure se fosse bella oppure brutta, ma abitava vicino a lui. Di certo non provò nulla per lei.

Helga, la sua sposa, lo aveva scelto, a sua volta, per sentirsi protetta, ma neppure lei lo amava.

Abo ed Helga ebbero due figli maschi, davvero belli, con occhi blu come il cielo, tali e quali a quelli di Abo, e capelli dorati come il sole, identici a quelli della madre, e lui fu felice di assicurarsi così la vecchiaia, non sapendo che il suo proposito sarebbe stato smentito dagli avvenimenti.

Abo, infatti, non insegnò nulla ai figli a proposito della famiglia, dell'amore verso gli altri, neppure il rispetto fine a se stesso, ma solo a pescare, e questo gli si ritorse contro, tanto che i figli, quando furono adulti ed in grado di provvedere a loro stessi, lo abbandonarono al suo destino solitario. I suoi figli non avevano mai provato amore né verso di lui e neppure verso la madre.

Col tempo, Helga perse il senno e andò via senza dire nulla, mentre Abo morì, seppur molto anziano, in estrema solitudine.

Bürk e Dudo diventarono nel frattempo uomini forti e, stranamente, visti i miseri insegnamenti del padre, rimasero insieme, consolidando un'importante, seppur a tratti inquietante, fratellanza.

Dudo conobbe una ragazza, Amarante, e se ne innamorò, ma non si separò mai dal fratello Bürk.

Bürk era il maggiore e imponeva un suo stile di vita a Dudo, il quale, a sua volta, lo trasmetteva alla sua graziosa compagna, nonché ai due figli avuti da lei.

I due meravigliosi bimbi nati da questa unione, Emmo e Franciscus, vennero allevati con particolare rigore, ma soprattutto con la convinzione che fossero migliori dei loro coetanei.

I due nuovi arrivati erano anche più belli del padre e dello zio, davvero splendidi.

Il ceppo dell'Acqua, formato quindi da Dudo, Amarante, i bambini Emmo e Franciscus e dallo zio Bürk, si convinse che, grazie a una natura generosa, loro fossero superiori al mondo che li circondava.

In effetti non facevano nulla di male, almeno in quel preciso momento, ma furono convinti per tutta la vita di essere superiori a chiunque.

I pochi contatti con altre persone avvenivano sempre nello stesso modo, ed erano un attestato di superbia.

Un pescatore pescava un pesce e a loro giudizio era solo fortuna, mentre se veniva pescato da Dudo o anche da un altro del ceppo dell'Acqua, allora si trattava di abilità.

Quando un artigiano ultimava una barca, sarebbe presto affondata, almeno a loro dire, mentre se la barca era stata costruita da Bürk avrebbe galleggiato in eterno.

Coltivavano il culto per il fisico e, anche senza mai averne appreso da nessuno gli insegnamenti, misero in pratica le prime rudimentali tecniche di ginnastica.

Avendo avuto i figli molto giovani ed essendo davvero in forma, ci fu un periodo in cui Dudo e la compagna Amarante sembravano essere coetanei.

Non solo di Bürk, ma anche dei due giovani Emmo e Franciscus.

Si formò, così, in ciascuno di loro una mentalità solida, compatta, per cui ciascuno dei cinque familiari fu positivamente e totalmente a disposizione degli altri componenti del gruppo, ma, d'altro canto,si mostrò negativamente chiuso ed ostile verso tutti gli estranei.

Questa ostilità durò per diversi anni, fino a quando Emmo e Franciscus non sentirono la naturale esigenza di avere a fianco qualcuno e si aprirono alla ricerca di giovani fanciulle.

Lo zio Bürk, però, vegliava come patriarca del ceppo dell'Acqua e, più volte, si oppose ai rapporti con fanciulle, che difficilmente si sarebbero adeguate alla loro mentalità.

Lo zio riteneva impensabile che qualcuno si staccasse dal gruppo, seppur senza litigare, per intraprendere una vita totalmente indipendente: il gruppo doveva rimanere unito.

I due nipoti mal accolsero gli ordini dello zio, ma si sentirono impediti nell'opporsi alla volontà del loro leader.

Fu così che, a forza di ricercare, Emmo e Franciscus trovarono due giovani fanciulle, peraltro sorelle, che avevano un carattere molto remissivo e forse addirittura privo di personalità.

Sin dai primi tempi, diciamo del fidanzamento, Emmo e Franciscus non condividevano con le rispettive fidanzate decisioni di nessun tipo, ma piuttosto impartivano precisi ordini; ordini disposti, a loro volta, dallo zio.

Stando ai fatti, non parve che questa condizione di subalterni nuocesse a nessuno: lo zio Bürk era felice di essere il capo del villaggio, di comandare, di disporre.

Dudo era felice di obbedire al fratello e gli ordini che riceveva non lo disturbavano in quanto, probabilmente, avrebbe fatto lo stesso se Bürk non ci fosse stato.

La compagna Amarante amava Dudo e avrebbe fatto qualsiasi cosa per far felice il proprio uomo.

I figli Emmo e Franciscus, se erano arrivati a scartare diverse meravigliose fanciulle per obbedire allo zio, figuriamoci se mai avrebbero disobbedito per piccoli ordini quotidiani. Guntlinde e Tida, le due giovani compagne dei nipoti, mai diedero segni di insofferenza.

La piccola colonia crebbe tanto, visto che Emmo e Tida ebbero due figli, un maschio e una femmina, mentre Franciscus e Guntlinde addirittura quattro maschi.

Il gruppo non costituiva ancora numericamente una cittadina, ma era certo più grande di una famiglia. Potremmo forse dire che si trattava di una confraternita; una fratellanza di belle persone, bionde. Non suona in modo inquietante una fratellanza bionda? Quasi razza ariana?!

Il villaggio proseguì lo sviluppo e non perse l'efficienza.

Le case erano solide, seppur costruite naturalmente in legno, gli spazi adeguati.

I membri della comunità trovarono anche il tempo di affidare il loro futuro ad un Dio dell'Acqua, che lo zio aveva sognato.

Per combattere i rigidi inverni, rivestirono le case all'interno con moltissime pelli di animali, che in primavera, invece, venivano poste in una capanna disabitata, che potremmo definire il magazzino.

Il ceppo dell'Acqua si costruì, con il tempo, tre solide imbarcazioni per la pesca; lavoravano in staff, con ritmi sostenuti, diretti, in modo mirabile, dal severo zio.

Inoltre il gruppo aveva a disposizione attrezzi sia per la pesca che per la caccia.

Dai pochi contatti, che i membri della famiglia ebbero con il mondo esterno, furono informati che esisteva un pericoloso Impero romano, che uccideva, conquistava e radeva al suolo, ma pensarono che si trattasse di qualcosa d'inferiore a loro.

Lo zio Bürk, infatti, che aveva vissuto sempre isolato, non comprese le dimensioni di quella minaccia, tanto che credette possibile armarsi per combattere quel pericolo; forse credette che i romani fossero poche persone, come il suo gruppo, che lui, con soddisfazione, riteneva una grande organizzazione.

L'Impero romano arrivò solo a lambire i territori nei pressi del loro villaggio, mai entrò in contatto con il ceppo dell'Acqua, tanto che lo zio Bürk si convinse che i romani avessero capito quanto lui e il suo gruppo fossero superiori.

Sì, fu certo di aver spaventato l'Impero Romano.

Addirittura il loro senso di superiorità, peraltro il più delle volte immotivato, gli permise di affrontare le avversità con ottimismo.

Non fu mai difficile affrontare, ad esempio, spietati inverni, quando si era convinti di essere invincibili.

Non si aveva paura di uscire dal piccolo villaggio per cacciare, malgrado la presenza di predatori, avendo la consapevolezza di essere i più forti.

A dire il vero furono incoscienti oltre che, appunto, superbi.

Eccoci dunque al ceppo del Fuoco, fondato da un soldato della truppa di Flavio Valerio Aurelio Costantino.

Si ha notizia, riferita a uno o più villaggi, che nell'area dell'attuale Torino, a partire dal terzo secolo a.C., si fosse insediato un popolo celtico-ligure, conosciuto con il nome di Taurini, che occupava anche le valli di Susa e di Lanzo. Secondo alcune fonti, uno di questi insediamenti, chiamato Taurasia o Taurinia, fu distrutto nel 218 a.C., durante la marcia del condottiero cartaginese Annibale, nel suo attacco a Roma, attraverso le Alpi, dopo una resistenza di ben tre giorni.

Questi eventi storici accaddero comunque molto prima del periodo che a noi interessa.

Sui resti del villaggio, gli antichi Romani di Giulio Cesare istituirono dapprima un presidio militare nel 58 a.C., col nome di Iulia Taurinorum, quindi un vero e proprio castrum, costruito durante le guerre galliche. Nel 28 a.C. il castrum fu eretto a colonia romana, col nome di Julia Augusta Taurinorum o, più semplicemente, Augusta Taurinorum.

Nel 312, per la successione al potere imperiale, si svolse, poco distante, la Battaglia di Torino, tra le truppe di Massenzio e quelle di Costantino I, che poi ne uscì vincitore.

Tra i soldati c'erano combattenti convinti, ma anche persone capitate lì per caso, come in molte altre guerre, uomini che non avrebbero trovato cibo in nessun altro modo, uomini soli, senza affetti. Non tutti diventarono soldati per vocazione.

Aronne era forse un uomo pacifico, ma si era arruolato, appunto, solo per necessità, per fame.

Non aveva neppure una famiglia d'origine e mal ricordava la propria infanzia. Aronne era stato abbandonato da piccolo, nessuno aveva provato affetto per lui o aveva avuto modo di allevarlo. Non aveva il senso della famiglia, ma neppure ne conosceva il concetto.

Aronne divenne presto soldato, ma forse invece di combattere, di uccidere persone innocenti, avrebbe potuto vivere nei boschi, cacciando e mangiando frutti della natura, ma purtroppo non ebbe mai un tale pensiero.

Flavio Valerio Aurelio Costantino, Costantino I appunto, vinse nei pressi di quella che ora è la città di Torino. Durante la battaglia, ci fu molta confusione, tanto che alcuni lasciarono l'esercito, senza mai essere accusati di tradimento, tra questi c'era Aronne; mentre altri, precisamente i nemici, furono arruolati nelle fila romane quasi immediatamente.

Il censimento tra i soldati fu spesso mal condotto, tanto da far scoppiare piccole rivoluzioni nel giorno di paga, visto che molti venivano dimenticati.

Aronne non tradì il proprio esercito: in realtà fu ferito ad un piede, perse due dita e fu curato da una brava ragazza che, con la famiglia, abitava nelle campagne, nei pressi della battaglia.

Speranza, una ragazza semplice, mentre raccoglieva delle erbe mediche per la madre, si accorse di Aronne ferito e volle intervenire per aiutarlo: le sembrò una cosa naturale.

Appena i due si videro, provarono attrazione reciproca, tanto che lui dimenticò di essere soldato, mentre lei lo volle portare a casa sua, a tutti i costi.

I genitori di Speranza non avrebbero avuto motivo di non aiutare il soldato e così lo accolsero a casa come un figlio: erano brave persone!

Lei lo curò con erbe mediche, delle quali conosceva tutti i segreti, ma soprattutto con amore, facendo sì che l'uomo presto fosse di nuovo in forze, seppur con due dita in meno.

L'esercito aveva digerito, senza accorgersene, l'assenza di Aronne, come quella di altre migliaia di soldati, e lui si adattò alla nuova vita magnificamente.

Fu una cosa scontata, per lui, lavorare nella campagna, insieme a Speranza, il conquistato amore, nonché con i genitori di lei.

La vita era davvero dura, anche se Aronne era abituato ad altre fatiche e quelle restrizioni gli parevano un felice passatempo.

L'inverno, ai tempi narrati, nelle campagne intorno ad Augusta Taurinorum, era davvero spietato: non lasciava scampo alla minima debolezza, al più piccolo imprevisto.

I più morivano di fame, di freddo, di stenti.

In quel contesto, loro si ritennero, giustamente, particolarmente fortunati: avevano una casa di pietra, solida e spaziosa, costruita molto tempo prima dal padre di Speranza, avevano la possibilità di mangiare, seppur pasti davvero modesti, e avevano vicino anche il fiume Eridanós, in seguito detto Po.

Speranza era una ragazza meravigliosa e Aronne l'amò davvero per tutta la sua vita. Tuttavia era un uomo di poche parole e dava sempre per scontato che lei sapesse di questi suoi sentimenti, non perse mai tempo a dire parole dolci alla compagna. Parole che avrebbero invece consolidato il loro rapporto, parole che avrebbero, in seguito, avuto l'effetto di cementare la loro unione. Una parola amorevole in più avrebbe potuto fare la differenza.

L'uomo ebbe modo di pentirsi del suo passato da soldato, avendo ucciso, in battaglia, una decina di avversari, ma si tenne sempre tutto dentro, non esternò mai neppure questi pensieri.

Ebbero una figlia bella come la madre e la chiamarono Aurora.

Aronne e Speranza si occuparono dell'educazione della figlia come genitori e senza l'aiuto di nessuno, visto che nel frattempo i nonni, padre e madre di Speranza, erano morti.

Aronne nella sua educazione era essenziale, poche parole, pochi convenevoli, ma non si mostrava contrariato, arrabbiato, neppure quando la figlia gli mancava di rispetto.

La madre, Speranza, era davvero molto amorevole e, al contrario, manifestava fastidio quando Aurora non l'ascoltava; Speranza era sempre più autorevole di Aronne, purtroppo però la figlia Aurora assomigliava caratterialmente al padre.

Era una famiglia come tante altre, senza memoria per il passato, ma, cosa peggiore, senza progetti per il futuro.

Aronne dimenticò in fretta i volti degli uomini uccisi in battaglia, cosa che gli permise di vivere senza rimorsi, ma che gli impedì di tramandare ai discendenti esperienze da non ripetere.

Avrebbe dovuto, o almeno potuto, essere d'aiuto ai posteri, lasciando moniti morali, ma, forse, vittima della sua stessa superficialità, cancellò tutto e mai parlò con la figlia Aurora delle atrocità commesse in battaglia.

Anche Speranza dimenticò addirittura come avesse incontrato Aronne, dimenticò di averlo visto e conosciuto ferito.

La giovane Aurora notò spesso l'assenza di due dita nel piede destro del padre, ma non gli chiese mai nulla, sprecando l'occasione di apprendere e tramandare quanto i suoi figli avrebbero dovuto non ripetere.

I tre si volevano molto bene e si aiutarono amorevolmente, almeno per un lungo periodo.

Aronne si occupava di cacciare, di riparare la casa, di pescare nell'Eridanós, di accatastare montagne di legna per l'inverno.

Accatastò, negli anni, una tale quantità di legna, tanto da poter tenere acceso il fuoco in modo perpetuo. Per lui il fuoco fu un Dio.

La moglie si occupava di cucire i vestiti, di cucinare.

La figlia, già fanciulla,si recava spesso ad Augusta Taurinorum, per occuparsi di piccoli commerci.

Fu da subito molto brava nel commercio, tuttavia questa attività fece emergere un aspetto oscuro di Aurora: l'avidità e la scarsa propensione ad occuparsi degli altri.

Era possibile che partisse con alcuni pesci, pescati nel fiume dal padre Aronne, e tornasse, magari, grazie a un oculato baratto, con una calda e colorata coperta.

A forza di baratti, una volta tornò dalla città addirittura con una capra e il padre e la madre si spaventarono, in quanto non ne avevano mai visto una prima.

Grazie alla figlia i genitori ebbero qualche piccolo agio in più e la loro vita proseguì tranquilla, anche quando Aurora conobbe un soldato romano.

Il ceppo del Fuoco continuò il suo percorso con il fidanzamento tra Aurora e il soldato romano Valerio, tuttavia con grande dispiacere dei genitori, la ragazza decise di seguire l'uomo a Roma.

Ai tempi, la corrispondenza, le visite di cortesia e quanto altro potesse tenere in contatto le persone non erano alla moda e così una partenza era quasi sempre un addio; l'abbraccio di Aurora con i genitori fu, infatti, l'ultimo.

Anche in quel momento determinante Aronne avrebbe potuto dire delle cose importantissime, ma non disse nulla e, seppur con la morte nel cuore, lasciò partire la figlia.

Come Aronne presto dimenticò il suo passato, così la figlia dimenticò gli amati genitori, accecata, come poi vedremo, dal benessere, dagli agi, dall'avidità.

Il ceppo del Fuoco si spostò da Augusta Taurinorum a Roma solo con Aurora, e dei genitori se ne perse traccia.

Valerio era un soldato, quindi il suo dovere era combattere e, se possibile, uccidere; Valerio, contrariamente ad Aronne, nacque soldato e scelse di fare quel mestiere, perché gli piaceva combattere, così come uccidere.

Tuttavia Valerio era di famiglia benestante e Aurora andò a Roma un po' per amore, o semplice infatuazione, ma principalmente perché invogliata dai racconti di Valerio: desiderava conoscere le agiatezze date dalla ricchezza, quindi, seguì Valerio per cupidigia.

Valerio sin da subito raccontò ad Aurora cose incredibili che potevano accadere a Roma.

Si potevano mangiare i migliori cibi arrivati dalle terre conquistate, avere i vestiti dai tessuti più preziosi, come la seta, venuti dal lontano oriente, si poteva avere un'abitazione degna di un re e la sua famiglia ne aveva a disposizione diverse.

L'avida ragazza fu tentata a tal punto, che in cuor suo non seppe mai se seguì Valerio veramente solo per amore o per quanto le aveva promesso.

Valerio aveva combattuto per dimostrare ai membri della propria famiglia di valere più di loro, che, grazie ai soldi, passavano le giornate a giocare ai dadi, ad ubriacarsi, a sonnecchiare nei prati, ma presto anche lui si annoiò della vita militare e pensò bene di tornare a casa.

I soldi del padre, oltre che della madre e del fratello, sarebbero stati abbastanza anche per soddisfare i capricci della nuova compagna; Valerio desiderava stupirla con i regali.

Il ceppo della Terra ebbe origine, invece, nella zona che oggi si chiama Ungheria, passando per l'Italia, anche se all'epoca non esistevano né l'una né l'altra nazione.

Gergely, Sàndor e Tibor erano tre gemelli ungheresi che parteciparono, comandati dal feroce re degli Unni Attila, alla battaglia di Chalôn, quella che fu definita una delle quindici battaglie più decisive della storia: se avesse vinto Attila, la civiltà europea, per come la conosciamo, non sarebbe esistita e oggi il mondo sarebbe diverso.

La battaglia di Chalôn diventò famosa per la sua inaudita violenza. Scorsero fiumi di sangue e alcuni soldati, assetati, furono costretti a bere acqua tinta di rosso.

Durante la battaglia, e dopo, Attila non si astenne dal commettere atrocità e così i tre gemelli al suo servizio. Massacrarono ostaggi e prigionieri.

Duecento giovani fanciulle furono violentate e torturate dai barbari con disumana ferocia: i loro corpi vennero legati a cavalli selvaggi e squartati, le ossa frantumate sotto le ruote dei carri e le membra abbandonate sulle strade in pasto ai cani.

All'epoca era difficile incontrare tre gemelli uguali, e vederli in battaglia spaventava poiché, essendo identici, sembrava che la loro contemporanea presenza fosse colpa di un sortilegio.

Tornando a Chalôn, per evidenziare le dimensioni della battaglia, si narra che Ezio, Teodorico I e Sangibano comandarono centoventimila uomini, mentre Attila, Valamiro, Ardarico ebbero a disposizione centocinquantamila uomini, ma entrambi gli schieramenti terminarono con circa settantamila soldati superstiti.

I tre gemelli si fermavano, saltuariamente, solo per stanchezza, a volte per noia, mai per compassione. Furono tre bestie assetate di sangue, inviate dal demonio in persona. La pietà non fu messa in pratica dai tre gemelli in nessun caso.

La vittoria romana, strategica, ottenuta ai Campi Catalaunici non fu decisiva: Ezio Flavio non volle sfruttarla appieno, rinunciando a inseguire le forze unne in ritirata, nel timore che il loro annientamento avrebbe accresciuto troppo la forza degli alleati più potenti dei Romani, i Visigoti.

Ezio pensò anche che il capo degli Unni si sarebbe fermato, cosa che in realtà non avvenne.

Inibito nei suoi piani di saccheggio in Gallia, l'anno successivo Attila rivolse il suo esercito contro l'Italia, per riprendersi quella che potremmo definire una rivincita.

Probabilmente, se Ezio avesse inseguito Attila, avrebbe avuto altre perdite, ma avrebbe evitato che Attila proseguisse i suoi sogni di espansione, invece quando il Re degli Unni tornò in Italia nel 442, dopo aver raso al suolo Aquileia, senza lasciare più nessuna traccia della sua esistenza, si diresse verso Padova e poi a Milano.

A servizio del Re degli Unni vi erano ancora i tre feroci gemelli: in questo tragitto Gergely, Sàndor, Tibor decisero di rapire tre ragazze, che si sarebbero portati nel loro paese d'origine.

Adina, Griselda e Soave furono costrette, contro la loro volontà, a seguire i tre feroci assassini; non avrebbero potuto fare altrimenti, la loro unica alternativa sarebbe stata la morte.

I tre fratelli erano di corporatura massiccia, alti ma tozzi, muscolosi e coperti di peli, con capelli e barbe folte biondastre. Occhi Blu.

Le pelli di animali, che li coprivano, li facevano sembrare ancora più mastodontici, mentre le tre ragazze erano tendenzialmente minute, con la pelle chiara e i capelli scuri.

Tra le centinaia di ragazze, che i tre avevano violentato e ucciso, avevano scelto, e dunque risparmiato, le tre che avevano giudicato meravigliose.

Fisicamente, ma soprattutto mentalmente agli opposti, le tre ragazze mai si sarebbero innamorate dei tre gemelli, ma sottostarono a tutto quanto loro richiesto, solo per rimanere in vita, tanto che quando giunsero a casa dei tre guerrieri erano già incinte. Mai avrebbero pensato di giungere vive a destinazione.

I feroci Gergely, Sàndor, Tibor non avevano alcuna intenzione di coltivare la formazione di una famiglia, ma permisero alle rapite di vivere e le lasciarono andare: certamente non avrebbero avuto voglia di allevare i figli.

Le tre non sarebbero mai potute tornare a casa con le loro forze, specialmente essendo in attesa di figli e si stabilirono nei boschi, con mezzi di fortuna.

La vita fu durissima, ma tutte e tre riuscirono, incredibilmente, a portare le gravidanze a termine; con spirito di solidarietà, si aiutarono anche a partorire i tre figli, che chiamarono con tre nomi italiani: Leone, Pietro e Giulietta.

Le tre donne pregarono che i figli venissero al mondo con lo spirito buono, diverso da quello dei padri, ma i loro desideri non furono esauditi.

I tre ragazzi, già all'età di dieci anni, furono in grado di cacciare da soli e di proteggere le loro madri, come se fossero stati adulti; fisicamente assomigliavano ai padri piuttosto che alle madri; anche Giulietta fu feroce.

Il loro rifugio era ben nascosto, a pochi chilometri dal Danubio, e le madri mai, per il resto della loro vita, ebbero contatti con il mondo. I pochi momenti liberi dall'attività quotidiana furono dedicati alla preghiera e ognuna delle tre invocava la protezione di una divinità diversa. Con il tempo la divinità fu unica: la Madre Terra.

Ai figli, tuttavia, quella vita non bastava e, quando furono un po' più grandi, sentirono il bisogno di spingersi verso le città abitate, per vedere il resto del mondo.

Lo spirito maligno dei loro padri fu presto in agguato: Pietro e Leone, in particolare, diventarono feroci assassini, proprio come i padri, che peraltro mai conobbero.

Forse ritennero interessanti le storie raccontate su di loro, oppure trovarono noiose le preghiere e le lamentele delle madri; magari, semplicemente, da un lupo nasce un lupo.

Ancora con le madri in vita, ma senza far capire loro nulla, diventarono spietati banditi: saccheggiavano i viandanti, che transitavano nei pressi del Danubio. L'unico buon sentimento, che continuarono a provare, fu verso le loro madri, alle quali procuravano il cibo e assicuravano protezione.

Si aggregarono con altri malavitosi e, quando il desiderio faceva capolino, si prendevano quanto voluto, senza chiedere il permesso mai a nessuno, così anche per quanto riguardava le ragazze, che spesso non solo violentavano, ma frequentemente uccidevano.

In breve tempo, il gruppo si arricchì di gente poco avvezza alla legalità, anche di donne che la società dell'epoca, in terra ungherese, aveva emarginato per comportamenti disdicevoli.

Si pensò che i banditi compissero atti isolati, slegati tra loro, ma invece costituivano una vera e propria associazione a delinquere.

Leone e Pietro diventarono due cloni dei rispettivi padri, forti, spietati e davvero pericolosi, ciononostante misero volontariamente al mondo dei figli; Ferenc e Gábor furono i figli di Pietro, mentre Leone ebbe un unico figlio, che decise di chiamare, non a caso, Attila, in onore di quel Re che suo padre seguì terrorizzando l'Europa intera.

I due fratelli sapevano combattere, uccidere, seminare terrore, perchè queste cose erano una "qualità" insita nel loro essere: per loro era come respirare, veniva in modo del tutto naturale.

Ai tempi, purtroppo, le possibilità di comunicare erano scarse, ma anche quelle di mantenere la giustizia, così come l'etica avrebbe imposto.

Chi venne a conoscenza di crimini, compiuti dal clan della Terra, fu sempre più preoccupato di allontanarsi da quelle zone pericolose, piuttosto che cercare di porvi rimedio, così, i feroci banditi, ebbero modo di proseguire indisturbati.

Dove viveva il clan della Terra, rimase per lungo tempo in vigore l'unica legge della sopravvivenza: la legge del più forte.

Addirittura, visto che la zona era ritenuta pericolosa, i banditi avevano un territorio dove non andava nessuno a cercarli, dove si sentivano protetti: così depredavano i viandanti, bruciavano i villaggi o violentavano delle fanciulle, e poi tornavano nella zona franca, dove si beavano dei propri crimini con i compagni.

Gábor, addirittura, durante un litigio per futili motivi, uccise il padre Pietro sotto gli occhi del fratello Ferenc, che approvò, contento, il gesto e si complimentò con lui, per la dimostrazione di superiorità.

I nipoti dei tre gemelli furono peggio, dunque, dei loro padri e molto simili ai nonni.

La nuova generazione, sebbene sempre avvezza ai crimini, si organizzò in modo che ogni atto di furfanteria fosse pianificato. Furono sempre banditi, ma più pensatori e meno impulsivi. Il gruppo della Terra aumentò di volume con nuove donne e fu capeggiato, per alcuni anni, dai fratelli Ferenc e Gábor e dal cugino Attila che, tuttavia, aveva certo meno smalto del più famoso re unno.

Ferenc, capo, e Gábor, suo braccio destro, misero insieme un gruppo, che per molti anni terrorizzò la zona, con crimini di ogni sorta, ma, nello stesso tempo, formarono una piccola comunità, dove la vita si svolgeva tranquillamente, come in altre cittadine oneste.

La differenza fu il tipo di lavoro che gli uomini misero in atto: in altri luoghi gli uomini andavano a pescare oppure a caccia, Ferenc, Gábor, Attila e i loro uomini, invece, andavano a derubare o a uccidere altre persone, per portare a casa qualcosa da mangiare o vestiti nuovi.

Piccola riflessione

Il ceppo dell'Aria, già figlio di mescolanze di sangue diverso, partì dunque dal territorio indiano, per spostarsi presto in Pakistan e poi, dopo poco, in Iran.

I membri del clan erano persone oneste, contro la guerra, dei veri artisti, e coltivavano una grande apertura verso gli altri, innanzitutto per predisposizione, poi per necessità.

Avevano, infatti, sempre bisogno di nuovi clienti per gli spettacoli e i manufatti, pertanto non si sarebbero potuti permettere di essere scontrosi.

Fisicamente avevano dei corpi affusolati, eleganti, la loro pelle si presentava ambrata e i capelli scuri, lucidi e lisci.

I loro abiti erano sempre colorati, vistosi ed anche invitanti, adornati di gioielli di poco valore, ma di grande resa dal punto di vista estetico. Si presentavano puliti e curati sin da piccoli.

Il ceppo dell'Aria nacque per volontà dei singoli, ma venne sradicato dall'ambiente originario.

Il nomadismo contribuì in modo preponderante nella formazione della mentalità dei suoi membri. In quegli anni, gli antenati dei Rom e dei Sinti ebbero modo di vedere così tante cose nella loro vita, che altri popoli non videro mai, neppure in dieci generazioni.

Anche il ceppo dell'Acqua fu originato da sangue misto: quello scandinavo e quello germanico.

I primi discendenti si mostrarono compatti, solidali e propensi ad assistersi tra di loro in modo indissolubile, ma chiusi totalmente verso gli altri.

Da superbi, pensavano di essere superiori agli altri, ma commisero grandi errori di valutazione, seppure, per fortuna, con conseguenze irrilevanti: credettero addirittura di aver spaventato l'Impero romano, senza sapere che questo era immenso e potentissimo, mentre loro erano solo una famiglia.

Erano meravigliosi, specie i bambini dagli occhi azzurri e dai capelli biondo - dorati.

Fisicamente furono avvantaggiati dalla natura, ed ebbero, inoltre, il culto per la forma, tanto da allenarsi anche quotidianamente.

Si presentavano, però, in modo più misero, rispetto ai rappresentanti del primo ceppo, perché i loro vestiti erano confezionati con mezzi di fortuna.

Il ceppo dell'Acqua non sapeva neppure che esistessero alcuni colori.

Sì, è vero, la natura dispensa colori di ogni tipo, ma a quella latitudine alcuni colori possono essere davvero rari, contrariamente alle zone tropicali.

La loro chiusura verso gli altri non permise loro di conoscere cose diverse da quelle che scoprirono da soli.

Il ceppo del Fuoco nacque con un senso di unione veramente fragile. Aronne fu abbandonato dai genitori, ma poi, purtroppo, anche per colpa sua, pure dalla figlia.

Aronne giunse ad Augusta Taurinorum, da Roma, con l'imperatore Costantino I, ma poi dimenticò la sua vita da soldato, per seguire una ragazza, incontrata dopo una battaglia, la quale, vedendolo ferito, lo aveva aiutato. Sua figlia dimenticò tutto, per andare a Roma, anche lei insieme ad un soldato.

Ci fu dunque subito, anche in questo caso, un incrocio di sangue, che fece presto perdere l'origine del ceppo.

Fisicamente le persone del ceppo del Fuoco erano di corporatura ordinaria, ma sofferenti, a causa di un' alimentazione poverissima, spesso insufficiente.

Caratterialmente erano insensibili,tanto da dimenticare gli amori parentali e perderne addirittura le tracce.

Infine, eccoci al ceppo della Terra, creato con violenza da parte del gruppo più brutale, nei confronti della parte più graziosa, ma anche più debole.

Fisicamente, i figli generati assomigliavano, per corporatura, ai padri, mentre, per tratti somatici, alle madri.

Curiosamente, Leone nacque con un occhio blu ed uno marrone, una caratteristica indubbiamente molto personale.

Belli e forti, anch'essi ebbero il brutale carattere dei padri, pur senza averli mai conosciuti.

I vestiti e gli utensili, da loro quotidianamente usati, vista la permanenza nei boschi, erano simili a quelli della preistoria, almeno fino a quando i figli non cominciarono a rubarli ad altre genti.

A questo punto, verrebbe da pensare che, malgrado fossero stati costretti a migrare, i più sereni erano, almeno fino a questo momento, gli individui che facevano parte del ceppo dell'Aria, da cui nacquero i popoli e le genti Rom e Sinti.

Capitolo Secondo

Il ceppo dell'Aria continuò a spostarsi, seppur notevolmente più numeroso, tanto che, da questo punto in poi, sarà impossibile ricordare tutti i nomi degli appartenenti al gruppo; verranno ricordati solo alcuni, quelli che hanno influito maggiormente sulla vita della comunità oppure i più rappresentativi.

I discendenti di Yhea e Ssaedhe e gli altri aggregatisi successivamente si trovarono sulla tratta che percorrevano i mercanti di seta che, dall'estremo oriente, portavano i preziosi manufatti a Roma, dove le ricche signore desideravano mostrarsi con capi alla moda a qualsiasi costo.

La seta fu una merce preziosa, prodotta precisamente in Cina, tramite i bachi, anche se allora questo era un segreto da custodire: nessuno a Roma seppe, per centinaia d'anni, da dove provenisse quel tessuto così regale.

Roma, se mai avesse scoperto dell'esistenza dei preziosi bachi, avrebbe fatto a meno dei mercanti cinesi; magari, come poi avvenne, avrebbe allevato quegli insetti.

Piu' volte, lungo la tratta commerciale, ai membri del ceppo dell'Aria fu chiesto di vendere i loro capelli, che erano lunghi e ben curati sia nei maschi che nella femmine, in quanto i mercanti avrebbero potuto portarli a Roma, per confezionare parrucche per le nobili signore romane che, solo per capriccio, desideravano mettersi in mostra con acconciature particolari.

Visto che la tratta commerciale, nei pressi dell'attuale Iran, fu per lungo tempo ben frequentata, gli uomini del ceppo dell' Aria si proposero, per poter vivere onestamente e dignitosamente, anche come soccorso per i carri di passaggio in difficoltà.

Fecero trovare spesso punti di ristoro, dove si poteva acquistare un asino giovane e forte, trovare maniscalchi per i cavalli, riparazioni per i carri.

I mercanti cinesi potevano anche acquistare acqua o cacciagione, anche se quest'ultima non era così diffusa, e proseguire il loro viaggio senza intoppi; questi centri di ristoro erano una garanzia contro i briganti, perchè questo popolo era contrario alla violenza.

Il ceppo dell'Aria assicurò per molto tempo assistenza di ogni genere, in quanto costituito da abili artigiani. I mercanti, che avevano compiuto migliaia di miglia, erano davvero felici anche di godersi uno spettacolo di illusione, oppure di vedere delle leggiadre e colorate ballerine volteggiare nell'aria.

Quelli del ceppo dell'Aria non avevano la vocazione d'essere mercanti e non fecero mai nulla per arricchirsi: altri avrebbero approfittato dei passanti con prezzi proibitivi, ma al ceppo dell'Aria bastava vivere serenamente.

A dire il vero, avrebbero guadagnato molto di più a derubare i mercanti, come altri popoli infatti fecero, ma gli antenati dei Rom e dei Sinti furono sempre attenti a rispettare il prossimo, aspettandosi di ricevere dagli altri un trattamento simile. Peccato che non tutti fossero loro riconoscenti!

Ci fu un lungo periodo tranquillo per il ceppo dell'Aria, che si sviluppò culturalmente e anche, in modo massiccio, numericamente. Il sangue degli appartenenti al ceppo, in quel periodo, cominciò a mescolarsi con quello degli indigeni iraniani, all'epoca persiani, e anche l'aspetto dei discendenti, quindi, poco alla volta si modificò, perdendo, in parte, la somiglianza con gli indiani.

Tutto andò bene, fino a quando il ceppo dell'Aria riuscì a mantenere i contatti con il commercio orientale e a tenersi lontano da quanto accadeva in Persia, dove stava fermentando un periodo problematico.

Tutte le belle cose terminano, come i fiori appassiscono, e così anche i tempi tranquilli.

In quel periodo, infatti, la dinastia sasanide rifiutava chi non fosse come loro e professasse una religione, anche preistorica o elementare, diversa dal suo credo.

Gli appartenenti al ceppo dell'Aria professavano una religione del tutto particolare, ma certamente non avversaria di nessuno: non c'era, quindi, motivo per esiliarli.

Ancora una volta, però, essere diversi, non migliori o peggiori, risultò una colpa da scontare, e così, loro malgrado, furono costretti a rimettersi in cammino.

La dinastia sasanide derivò da Sasan, gran sacerdote. Fu la prima dinastia reale persiana dai tempi degli Achemenidi e, perciò, i suoi regnanti si considerarono i successori di Dario e di Ciro. Essi condussero un'aggressiva politica espansionista, riconquistando la maggior parte dei territori orientali ceduti ai Kushan dai Parti e continuando il conflitto con Roma, ma fin qui nulla di preoccupante per il ceppo dell'Aria, visto che riusciva a stare lontano dalla bagarre.

Purtroppo, però, questa situazione non durò a lungo.

Il problema fu, appunto, la condanna di chi era ritenuto lontano dallo Zoroastrismo, la religione ufficiale dello Stato, in realtà poco praticata dal popolo; le altre religioni furono mal tollerate e perseguitate.

La religione del clan dell'Aria era diversa, come appena ricordato, ma priva di fanatismo: avrebbe potuto convivere senza dubbio con altri credi, ma ciò non fu permesso, e così il gruppo decise di muoversi nuovamente, visto che non rimaneva altra alternativa.

Nel frattempo, al clan si aggregarono altri gruppi che erano nati in Persia, l'attuale Iran, iracheni o persiani, che dir si voglia.

Il clan crebbe e, seppur costituito da razze diverse, formò una vera comunità, in quanto tutti credevano negli stessi principi: non volevano combattere, desideravano professare religioni diverse e avrebbero voluto non sottostare a regole imposte con la violenza.

Per fortuna, in ogni tempo ed in ogni luogo, si trovavano, e si possono trovare anche oggi, persone miti.

In Persia vi furono immensi cambiamenti, figli di grandi conflitti.

Lo sviluppo rapidissimo del califfato arabo coincise con il declino della dinastia sasanide, successivamente al seicento dopo Cristo, la maggior parte dell'impero fu conquistata dagli eserciti degli arabi mussulmani.

Le ultime resistenze cessarono qualche anno dopo, sancendo il passaggio della Persia nell'età islamica.

Yazdegerd III, l'ultimo re sasanide, morì quando il suo impero era ormai governato dal vincitore califfato musulmano. Cercò invano di recuperare almeno alcuni dei suoi territori, con l'aiuto dei turchi e di altre popolazioni centro-asiatiche, e cercò, senza riuscirvi, di ottenere l'aiuto della Cina che invece restò alla finestra.

L'impero arabo, guidato dalla dinastia omayyade, fu lo Stato più esteso mai visto fino ad allora.

Gli omayyadi assorbirono molto dai sistemi amministrativi persiani e bizantini e governarono la Persia per poco meno di un secolo. La loro capitale fu Damasco.

La conquista araba segnò una svolta determinante nella storia della Persia, ma anche, purtroppo, degli avi dei Rom e dei Sinti, ancora una volta.

Il ceppo dell'Aria si spinse a nord-nord ovest, per ritrovarsi in quella che è nota, oggi, come Armenia, guidato da Maec, mantenitore delle tradizioni, pronipote degli originari Yhea e Ssaedhe.

Tuttavia nelle vene di Maec, per via della madre originaria dell'ultimo territorio incontrato dal ceppo dell'Aria, scorreva già sangue misto indo-persiano.

La tradizione del popolo cambiò, perché mutarono gli attori, aggiungendosene di nuovi e diversi, e poi perché le tradizioni venivano riportate oralmente.

Alcuni aspetti della cultura, sebbene importanti o anche solo piacevoli, si persero e non fu possibile recuperarli in nessun modo.

Si modificarono i colori degli abiti, i cibi, la lingua con cui comunicare, i significati degli atteggiamenti, la religione.

Non si modificò, però, il cuore di questo popolo, che scelse, e così per sempre, come principale dogma la libertà e il rispetto verso il prossimo, senza tralasciare il legame solidissimo con la propria famiglia d'origine.

Maec conobbe Jaeih, essenza dell'aria, molto più anziana di lui e se ne innamorò.

A quei tempi, era un fatto del tutto singolare che un giovane si inna-
morasse e addirittura si sposasse con una donna di oltre quindici anni
più vecchia, ma questo dimostrò, se mai fosse stato necessario, che
nel ceppo dell'Aria c'era davvero libertà di pensiero e di azione.

Cosa certamente inconsueta, almeno ai quei tempi. Si può dire fossero all'avanguardia.

Inoltre sembrò impensabile che la coppia, data l'età di lei, potesse
procreare, ma ebbero due figli, a distanza di un anno uno dall'altra.
Potremmo dire che si compì un miracolo.

Il maschietto fu chiamato, come l'avo fondatore, Yhea e nacque nel
797 dopo Cristo, mentre la femmina, Nuhir, il cui nome significava
"guardata in modo favorevole", nacque appunto l'anno dopo.

Le due nascite sancirono l'inizio di un nuovo cammino in Armenia,
mentre ormai l'India era lontana.

Se fosse stato possibile fare un paragone in quel preciso momento
storico, i popoli, Rom e Sinti, ancora insieme e non definiti, erano già
differenti dai loro avi indiani, pur somigliando al ceppo originario.

Un altro aspetto fantastico si formò nel carattere di questo ceppo: in
buona sostanza, i suoi membri mai guardarono con rammarico al loro
passato spesso triste, preferirono apprezzare quanto di buono offriva
loro il presente.

È importante imparare dal passato, l'esperienza serve a questo, ma
ancor meglio e' vivere sempre il presente con intensità, senza farsi
condizionare da rimpianti.

Gli appartenenti al clan dell'Acqua, abitanti del territorio che in seguito avrebbe assunto il nome di Germania, si guardavano, si stima-
vano, si riflettevano negli stagni e si piacevano: erano belli, anzi si
credevano meravigliosi.

Nel ceppo dell'Acqua, la ginnastica rimase un culto per la comunità,
che tendeva ad emarginare i deboli, i brutti.

A tal proposito, un ragazzo in fuga dal sud, per sfuggire alle milizie
romane che vi erano giunte, non fu accolto dal clan, in quanto giudi-

cato troppo brutto per appartenere alla comunità. Quindi fu respinto e lasciato alla mercé del suo crudele destino, poichè non solo non meritava di appartenere al gruppo, ma neppure d'essere, da questo, semplicemente ospitato.

Fu più forte l'atteggiamento egoista, piuttosto che un sentimento di compassione verso il povero ragazzo.

Probabilmente egli morì, in quanto già malnutrito, debilitato e, infine, anche umiliato da quella comunità narcisista.

Anche in seguito, il ceppo dell'Acqua non cambiò idea e accolse delle persone, solo se ritenute belle e rispondenti ai lori concetti estetici.

La piccola comunità, con il passare del tempo, prese vigore e aumentarono gli individui selezionatissimi che, anche con più convinzione, seguirono gli insegnamenti dello zio fondatore.

Il clan dell'Acqua lavorò davvero con impegno, il gruppo si mostrò molto efficiente: le abitazioni vennero fortificate per resistere meglio alle intemperie e, negli anni, il villaggio si dotò, addirittura, di un sistema di acqua corrente, anche se in inverno questa ghiacciava.

Gli utensili e gli attrezzi per pescare vennero perfezionati, costruendo anche delle rudimentali nasse, grosse gabbie fatte di canne, dove i pesci entravano con facilità.

Il villaggio però non brillava in democrazia: chi lo guidava era più vicino alla figura del dittatore-giudice, piuttosto che a quella di un equo leader. Comunque non si sfociò mai in punizioni feroci, anche perché le colpe dei cittadini furono sempre modeste, ma il dittatore-giudice poteva decidere, e lo faceva, le pene da infliggere.

Tutti apprezzavano questa disciplina e nessuno mise mai in dubbio l'autorità di chi la esercitava, pur non essendo stato eletto da nessuno. Il posto da capo villaggio, in effetti, era occupato da chi meglio sapeva imporsi sugli altri, come era accaduto, inizialmente, con lo zio Bürk.

Rimase sempre, in ogni appartenente al clan, un senso di superiorità verso chi veniva incontrato per caso e non apparteneva al villaggio, che peraltro non ebbe un nome.

Con il passare del tempo, la vita nel villaggio migliorò notevolmente, perché tutti desideravano assolvere gli incarichi con sempre migliori risultati, sia il singolo individuo sia la comunità nella sua interezza.

La confraternita dell'Acqua pensava, architettava, costruiva servizi, che, successivamente, venivano migliorati dai discendenti.

Chi gestiva o utilizzava questi servizi li teneva ben curati ed efficienti e, se possibile, apportava modifiche migliorative.

Grazie al servizio dell'acqua corrente, venne costruita una vera e propria toilette, cosa certo insolita e all'avanguardia per quei tempi.

Fu, inoltre, edificato un edificio, ad uso della comunità, che conteneva modelli di attrezzi che servivano da esempio per nuove realizzazioni e, nello stesso tempo, tutti facevano a gara per migliorarli; questo fu un propulsore per nuove e mirabolanti scoperte.

Intorno al 500 d. C. i sassoni, che vivevano nei territori confinanti col villaggio del ceppo dell'Acqua, cominciarono a migrare e a commettere atti di pirateria, stimolando l'imitazione da parte degli abitanti del villaggio, i quali decisero di intraprendere le stesse azioni, con la certezza di poterle affrontare meglio.

In effetti pensarono che potesse essere una buona occasione per dimostrare a tutti di essere i migliori.

Si convinsero, inoltre, forse per non avere problemi con la loro coscienza, che le navi, che avrebbero assalito, fossero piene di ricchezze accumulate con un'attività disonesta e questo, quindi, avrebbe giustificato il depredarle.

Prima di tutto costruirono una grande imbarcazione, poi, i discendenti dello zio Bürk cominciarono a fare i pirati e, a dire il vero, furono piuttosto fortunati.

Infatti, la maggior parte delle imbarcazioni incontrate non era pronta per il combattimento.; a loro, pertanto, bastava puntare le armi affilate contro le vittime e tutto finiva lì.

A causa di imprevisti, furono però costretti a rivedere di volta in volta i loro progetti di aggressione e, se è vero che inizialmente non ebbero intenzione di fare del male a nessuno, con il tempo furono costretti ad uccidere molte persone, che desideravano ribellarsi alle loro prepotenze.

Man mano che gli omicidi aumentavano, cominciarono a considerare di minor valore la vita delle vittime, così uccidevano con più facilità.

Alle volte, dopo aver massacrato interi equipaggi, si ritrovavano con un bottino magro: solo poche aringhe, appena pescate, oppure utensili peggiori dei loro. Solo poche volte i carichi furono più preziosi, ma nessuna ricchezza avrebbe potuto giustificare l'uccisione di persone innocenti.

Il ceppo dell'Acqua ebbe comunque modo di arricchirsi smodatamente, perché in seguito mise in commercio quanto depredato ai poveri e sfortunati, che aveva incontrato sul suo cammino.

Molto redditizie risultarono le pelli di animali: foche, orsi…, probabilmente mai viste prima a sud, nella zona che, in un futuro, avrebbe visto la nascita della città di Amburgo, citata anticamente col nome di Treva.

Il nome Amburgo derivò dal primo edificio permanente realizzato, un castello costruito a protezione di un battistero, a sua volta eretto nell' 810, su ordine dell'imperatore Carlo Magno. La fortificazione sorgeva sul fondo roccioso di una palude e fungeva da difesa contro le invasioni slave.

Col passare del tempo, divenne certamente molto più difficile per il ceppo dell'Acqua mantenere la fama della propria presunta superiorità nei confronti degli altri, ma i suoi membri, pur essendosi via via mescolati con altre genti, avevano conservato una specie di legame segreto, si potrebbe dire che costituivano una sorta di antica massoneria.

Si vantarono sempre di essere i nipoti di Bürk, cosa che poteva essere capita ed apprezzata solo da altri discendenti dello zio.

Continuarono a tramandare l'idea della loro superiorità, in attesa di poterla manifestare anche con fatti, che avrebbero permesso loro di primeggiare sugli altri e di sottometterli una volta per tutte.

In questo modo stavano mettendo le basi per la nascita di una confraternita, che avrebbe fatto tremare il mondo secoli più tardi.

Ma torniamo a Valerio ed Aurora, che si erano recati a Roma, la città eterna, con grande soddisfazione di entrambi: di lei, perché avrebbe visto la città più potente del mondo e, in qualità di sposa di un ricco giovane romano, sarebbe diventata benestante; di lui, perché avrebbe avuto modo di pavoneggiarsi con la bella ragazza, da mostrare come uno dei tanti trofei.

Roma, in quel periodo, da un lato avrebbe potuto vantarsi di cose meravigliose e uniche, dall'altro, avrebbe invece dovuto vergognarsi, per fatti che meritavano di essere puniti, mentre nella città eterna erano perfettamente normali, come ad esempio la schiavitù.

Valerio, il primo giorno, portò Aurora, ancor prima di farle conoscere i suoi genitori, al mercato degli schiavi. Pensò di farle una gradita sorpresa, un insolito regalo, almeno per lei.

Lei non pensò neppure un momento se si trattasse di una cosa moralmente giusta o sbagliata, fu semplicemente contenta di poter avere qualcuno al proprio servizio, che avrebbe ubbidito ad ogni suo capriccio. Le dispiacque solo di non avere ancora amiche a cui raccontarlo.

Gli schiavi venivano da ogni angolo dell'impero e furono fondamentali per Roma, per le attività quotidiane.

I diritti degli schiavi erano sempre considerati dai romani una cosa senza importanza, e la schiavitù, al massimo, un'ostentazione di ricchezza. Per chi era coinvolto come vittima, invece, come ognuno può naturalmente immaginare, la schiavitù rappresentava una vita di terrore.

Immaginate un bambino strappato ai propri genitori e posto in catene, che sensazioni di paura potrà mai aver provato?

È possibile entrare nella testa di una giovane, proveniente da un paese lontano, obbligata a sottostare alle voglie sessuali di un vecchio schifoso?

Si può pensare che sia giusto che un uomo in forze sia costretto a morire di stenti, solo per costruire il tempio di una divinità che, dopo qualche anno, non verrà neppure ricordata?

Fu così che Valerio volle regalare una domestica alla promessa sposa

Aurora e, con sudicia lungimiranza, scelse una ragazza meravigliosa, in quanto l'avrebbe potuta utilizzare per altro.

La ragazza, acquistata come schiava, era bellissima, più bella della stessa Aurora, pur avendo, in quel momento, il volto deturpato dalla disperazione e, probabilmente, dalle botte che il mercante di schiavi le aveva riservato.

Era originaria del nord Europa, quindi biondissima e di carnagione bianchissima. Pareva un giglio incontaminato.

Aurora non trovò ripugnante la tratta degli schiavi e la voglia di vivere nel lusso fu certo determinante: mai manifestò contrarietà nei confronti della schiavitù.

La ricchezza fu per Aurora, per lunghi periodi, l'unica cosa importante della vita, una scelta che avrebbe pagato in seguito, a distanza di anni, a caro prezzo.

I suoi occhi non vedevano soprusi, ma vedevano gioielli, tessuti preziosi venuti dalla Cina, ricchi ornamenti, cibi raffinati.

Ebbe in regalo anche una parrucca, fatta con i capelli di qualcuno del ceppo dell'Aria, giunta fino a lei non si sa per quale strada; non pensò neppure per un momento all'eventuale ragazza che, per mangiare, si era privata dei suoi meravigliosi capelli.

Aurora apprezzò e amò quella vita lungamente; quando odiò Roma, suo marito e tutto il contorno, fu davvero tardi.

Negli anni, non si curò di veder morire degli schiavi per i suoi capricci, non manifestò mai rabbia, anche quando prese consapevolezza che il marito aveva l'abitudine di divertirsi con la giovane schiava e con altre ragazze.

Perché i rapporti tra Aurora e Valerio cambiassero, si dovette attendere la morte della loro figlia e, a quel punto la situazione fu irreparabile.

I due coniugi ebbero due figli: Giulio, grazie al quale continuò la stirpe del Fuoco, e Certa, che divenne, contro la sua personale volontà, una venerata vestale.

In principio le vestali erano tre o quattro fanciulle vergini, in seguito il loro numero fu portato a sei fanciulle sorteggiate all'interno di un gruppo di venti bambine, di età compresa fra i sei e i dieci anni, appartenenti a famiglie patrizie, come quella di Valerio. A quell'età le bambine avrebbero dovuto fare solo le bambine: giocare, ridere, imparare magari a leggere e a scrivere, ma nulla più.

La consacrazione al culto, officiata dal Pontefice Massimo, avveniva tramite il rito della Captio. Il servizio aveva una durata di trent'anni: nei primi dieci le vestali erano considerate novizie, nel secondo decennio erano addette al culto, mentre negli ultimi dieci anni si dedicavano all'istruzione delle novizie. In seguito erano libere di abbandonare il servizio e sposarsi. Anche se, vista l'età media, non rimaneva molto tempo, per decidere in piena libertà.

Aurora pensò che sacrificando la figlia alla vita da sacerdotessa, lei stessa ne avrebbe avuto ulteriore beneficio, in quanto la famiglia sarebbe diventata più potente. Certo non pensò a quel che la figlia avrebbe voluto fare, fu davvero solo egoista.

La vita delle giovani vestali si svolgeva nel tempio di Vesta. Esse potevano uscire liberamente, solo dopo lunghi tirocini, ma godevano di privilegi, che le rendevano del tutto uniche tra le donne romane, nonché di diritti e onori civili. Venivano mantenute a spese dello Stato, affrancate dalla patria potestà al momento di entrare nel collegio ed erano le uniche donne romane che potevano fare testamento e testimoniare senza giuramento. I magistrati erano tenuti a cedere loro il passo e a far abbassare i fasci consolari al loro passaggio. Erano dunque importanti, ma quale adolescente avrebbe mai voluto fare quella vita? Chi mai avrebbe voluto lasciare il padre e la madre di sua spontanea volontà?

Non rispettando le sacre leggi, avrebbero subìto, come successe a Certa, una punizione tremenda. E non era prevista la grazia in nessun caso.

Le uniche colpe, che avrebbero potuto annullare la loro assoluta inviolabilità, erano lasciar spegnere il fuoco sacro e avere relazioni sessuali, considerate sacrilegio imperdonabile, in quanto la loro verginità doveva durare per tutto il tempo del servizio nell'ordine.

Quando Certa ebbe vent'anni, un giovanotto la spiò lungamente e la corteggiò; lei lo respinse più volte, ma, alla fine, cedette.

Fu così che il giovanotto si vantò stupidamente di aver sedotto e abbandonato una vestale e lei venne condannata, come tradizione prevedeva, ad essere seppellita viva, in quanto non era permesso spargere il sangue di una vestale.

La madre allora capì, purtroppo tardivamente, che Roma era divenuta grande e potente grazie al disprezzo della vita altrui, A quel punto sarebbe voluta tornare dal padre Aronne, che forse, però, nel frattempo, era già morto. Solo in quel momento si era ricordata dei genitori.

Per Aurora la vita non aveva più senso, così si suicidò gettandosi nel fiume. Poco tempo dopo, Valerio fu derubato e assassinato, mentre tornava ubriaco da una cena. Della famiglia,quindi, rimase in vita solo il figlio Giulio, che continuò il ciclo del ceppo del Fuoco.

Il corpo di Aurora fu deturpato da alcuni uccelli rapaci, mentre galleggiava vestito di semplici stracci,ma con ancora la parrucca e alcuni gioielli,che si sarebbero persi nel fiume.

Com'era tradizione allora, i dodici schiavi di Valerio furono uccisi: la legge dell'epoca, infatti, imponeva che se mai il proprietario fosse stato assassinato, gli schiavi avrebbero subito la stessa sorte immediatamente, in quanto non erano stati capaci di proteggere il loro signore, colui che li nutriva.

Oggi potremmo pensare che si trattasse della legge di un aguzzino, non di uno stato civile, ma all'epoca Roma fondava il suo potere anche su queste malsane convinzioni.

Il ceppo della Terra guidato da Ferenc, Gábor, Attila si trovò ad essere annesso, territorialmente, al popolo degli Avari, assumendone anche comportamenti e regole.

Gli Avari, pur riconvertiti all'allevamento e alla pastorizia, non rinunciavano ad effettuare ripetute scorrerie barbariche ai confini del Regno Carolingio e dell'Impero Bizantino.

Il clan della Terra si trovò a proprio agio a seguire quelle poche, ma chiare regole e non dovette cambiare nulla nel proprio stile di vita.

I tre leader e gli altri uomini del clan erano già dediti alla barbarie, prima ancora di entrare a far parte del popolo degli Avari. Le loro compagne, invece, si limitavano ad attenderli, accudendo ai figli. Pur essendo consapevoli delle attività dei loro uomini, non le condannavano, anzi ne andavano particolarmente fiere.

Gli Avari, nel 791, invasero ancora una volta buona parte dell'Europa, perciò Carlo Magno cominciò a studiare, a tavolino, una contro invasione della regione. Carlo aveva bisogno di una grande vittoria militare, nella quale coinvolgere anche la nobiltà franca, in modo che essa si rinsaldasse attorno a lui.

Il ceppo della Terra mescolò il proprio sangue con il sangue degli Avari, popolo discendente da Noè, almeno restando a quanto le più attendibili leggende narrano.

Vennero istituiti dei comandi militari alla frontiera come l'Ostmark, successivamente nota come Austria, per meglio coordinare le manovre dell'esercito. Le truppe imperiali procedettero all'invasione, fiancheggiando il Danubio da entrambe le sponde. L'esercito a nord, guidato personalmente dall'Imperatore, poteva effettuare collegamenti, ricevere e dare rifornimenti, ed eventualmente assistenza ai feriti, riguardo all'esercito stanziatosi a sud, comandato dal figlio di Carlo: Pipino, il quale muoveva dal quel territorio successivamente denominato Friuli.

Carlo Magno stava per fare scacco matto.

Il clan della Terra si trovò in una stretta militare e cercò di ribellarsi con piccoli atti di violenza.

Gábor fu sempre maestro in questo tipo di combattimento all'arma bianca, un feroce assassino.

Si nascondeva tra gli alberi, come se fosse un camaleonte, e giungeva vicinissimo ai nemici, in silenzio, senza che nessuno potesse mai accorgersene. Una tecnica che aveva studiato e messo in pratica da solo. Arrivava così vicino all'avversario, che lui stesso ne percepiva l'odore, ne avvertiva il respiro e, addirittura, ne ascoltava i battiti del cuore, ma nello stesso tempo non si faceva mai sentire.

Attendeva che un avversario rimanesse da solo e, con un'unica stilettata nel collo, con il suo pugnale, lo uccideva in un istante, senza che neppure potesse emettere un suono.

Provvedeva poi a far sparire rapidamente il corpo, tanto che i compagni continuavano per ore a chiamare il nome della vittima, ma solo giorni dopo, e in circostanze particolari, poteva esserne rinvenuta la carcassa.

Le imboscate di Gábor furono davvero efficaci, tanto che lui da solo uccise oltre trecento avversari, ma questi erano numericamente molto, ma molto superiori agli uomini a disposizione di Gàbor, e sarebbe stato impossibile continuare la guerra in quel modo, riuscendo ad ucciderli tutti.

Nell'autunno di quello stesso anno, i Franchi penetrarono sin nelle vicinanze della capitale avara, ma dovettero presto riparare in Sassonia, a causa della stagione particolarmente fredda, che causava problemi di collegamento tra i reparti, rendendo difficili, e forse impossibili, le comunicazioni. Inoltre, la carenza di cibo, nel periodo invernale, avrebbe reso problematico provvedere alle cavalcature.

Gli Avari furono sterminati e così anche parte del Clan della Terra.

Gábor fu ucciso da una freccia in piena fronte, in quanto fu scoperto per colpa di uno scoiattolo, che aveva scelto come casa lo stesso albero su cui egli si era nascosto.

A capo del clan, dopo i tre feroci gemelli: Ferenc, Gábor, Attila, rimase ancora una triade, anch'essa spietata come gli avi e gli avi degli avi: Lukas, Tobias e Julian.

Lukas, Tobias e Julian furono feroci banditi, dediti ai furti e agli omicidi, come anche le genti che radunarono sotto la loro guida.

I tre uomini avevano un aspetto imponente e un corpo massiccio, come i padri e i nonni, tuttavia è utile ricordare che all'epoca, in quelle regioni, l'altezza media pare fosse intorno al metro e sessanta.

Capitolo Terzo

A questo punto, prima di addentrarci nel racconto e arrivare alle porte del medioevo, è indispensabile fare un passo indietro, per paragonare i cambiamenti avvenuti nei quattro ceppi.

Le città, crescendo e sviluppandosi, adottarono una serie di regole che non necessariamente significarono progresso.

A Roma, che attraeva tutti come un magnete, si imposero delle terribili regole, che mai avrebbero dovuto esistere in una vera civiltà.

Per andare al nocciolo della questione, si potrebbe facilmente ricordare che quando nasceva un bambino nel ceppo dell'Aria, dei Sinti e dei Rom, questi veniva allevato con amore dalla mamma, a prescindere dal fatto che fosse bello e sano oppure no. Ma la cosa non era scontata per Roma.

Non bastava, infatti, venire al mondo in una famiglia romana, per esservi allevati, ma occorreva superare l'ostacolo del riconoscimento, che spesso non avveniva.

Appena uscito dal grembo materno, il neonato veniva preso dalla levatrice e posto sul suolo della casa, davanti al padre. Se era maschio, figlio della moglie legittima, e il padre era deciso a tenerlo, lo sollevava da terra, riconoscendolo e stabilendo al tempo stesso i suoi diritti su di lui. Se invece era una femmina, il padre poteva non riconoscerla, ordinando semplicemente di nutrirla. Solo dopo l'intervento paterno, il neonato riceveva finalmente la sua prima poppata dalla madre o dalla balia.

Veniva attuata, quindi, già all'inizio della vita di un individuo, una vera e propria discriminazione di genere.

Un padre poteva anche decidere di non volere il figlio, solo per un capriccio, magari perchè non gli pareva bello come lui avrebbe voluto oppure perché lo trovava poco somigliante.

In quel caso, lo faceva esporre sulla porta di casa o su un deposito di rifiuti oppure, peggio ancora, lo faceva soffocare o morire di fame.

Dunque fu migliore la cultura nella Roma capitale del mondo o nella piccola e bistrattata comunità Rom?

A Roma l'eliminazione dei poveri sfortunati, venuti al mondo nella famiglia sbagliata, riguardava tutti i neonati gracili, deformi o con segni di deficienza. Ogni difetto fisico, più o meno evidente, alle volte solo presunto, veniva considerato un segno di animalità, ma anche un fatto prodigioso, da espiare.

Figuriamoci che anche il dotto Seneca affermava semplicemente: "Bisogna separare ciò che è valido da ciò che non può servire a nulla", forse non ricordando che anche lui sarebbe morto se si fosse trovato in condizioni di avere un padre poco amorevole.

Un figlio che deve servire ... proprio lo stesso modo di pensare di Abo, che aveva messo al mondo dei figli, solo perché gli sarebbero serviti per la vecchiaia, differentemente da Yhea, l'agile, e Ssaedhe, la risoluta, i quali ebbero figli semplicemente in seguito al loro amore.

Dovremmo chiederci chi fino a questo momento fu migliore, oppure è una domanda che non servirebbe a nulla? Abbiamo già capito? La storia però sarà ancora lunga e, purtroppo, spietata.

Forse si è pronti a condannare un padre Rom, del ceppo dell'Aria, per aver messo in vendita i capelli della figlia, per procurarsi da mangiare, ma si è disposti a condonare la colpa dell'abbandono dei neonati, nella città eterna, da parte del ceppo del Fuoco. Noi cosa avremmo fatto?

Anche neonati del tutto normali potevano essere abbandonati, perché la famiglia era troppo povera per allevarli, il padre non voleva dividere il suo patrimonio fra troppi eredi, oppure, come spiegava Plutarco, "...per non vederli degenerare a causa di una educazione mediocre, che li porrebbe al disotto della dignità e del livello sociale".

Dunque avrei dovuto abbandonare mio figlio o mia figlia, piuttosto che vederla crescere con un'educazione modesta?

Sarebbero potuti morire, e così troppo spesso avvenne, per futili motivi.

Non morte, ma umiliazione ci fu anche per i figli naturali, i quali, quando non erano esposti, potevano essere allevati dal nonno materno, che dava loro il nome. Portavano tutti il prenome dispregiativo di Spurio, ossia "Sputo".

Ci fu anche di peggio.

Solitamente, i neonati esposti, che riuscivano a sopravvivere, erano raccolti dai mercanti di schiavi, che li crescevano, per venderli non appena avessero raggiunto l'età lavorativa.

Le femmine sarebbero potute diventare prostitute e i maschi essere menomati o accecati, per chiedere l'elemosina.

Dunque, esseri magari sani, ma rifiutati dal padre venivano accecati per chiedere la carità. C'è qualcuno che si vergogna di quanto è potuto accadere?

Questa fu Roma, la culla della civiltà.

Tra le genti nomadi, l'allevamento dei bambini costituiva un fatto naturale e piacevole per i genitori e per i piccoli, che avevano anche lo spazio necessario per giocare.

In quella che, ripeto, fu vista come civiltà, il solo nutrimento, però, non era ritenuto sufficiente a trasformare un bambino in un uomo: i romani credevano che i piccoli non potessero assumere sembianze umane, in modo spontaneo.

Li ritenevano esseri molli e informi, da indurre e modellare, con trattamenti inumani, ma messi in atto per il loro bene. Non si faceva nulla per rendere piacevole la loro vita e ogni minimo gesto di tenerezza nei loro confronti era bandito.

Il ceppo dell'Aria non privò i propri figli di carezze, ma a Roma si rimaneva a lungo da soli nella culla. Le fasce dovevano essere un vero tormento: stringevano il piccolo e gli impedivano i movimenti, soprattutto all'altezza dei gomiti, polsi, ginocchia e caviglie. Le mani gli venivano tenute aperte, mentre delle stecche costringevano le gambe a rimanere tese.

Ci rendiamo conto?!

Le braccia erano mantenute accostate rigidamente al corpo. Le fasce si cominciavano ad allentare solo dopo il secondo mese di vita, quando gli si liberava il braccio destro, affinché si abituasse ad usarlo più dell'altro ed evitasse di diventare mancino.

Anche questa possibilità venne vista come una sciagura, mai un mancino in una casa romana!

Presso i popoli. spesso ritenuti ingiustamente inferiori, non mancò mai un fuoco, per scaldare l'acqua con cui lavare un neonato, ma nella superba Roma il momento peggiore per uno sciagurato neonato doveva certo essere quello del bagno. Siccome si pensava che il calore rendesse fiacchi, il piccolo veniva lavato con acqua fredda. La nutrice gli modellava con le mani il cranio, per renderlo perfettamente rotondo, tentava di plasmargli il naso, la mandibola e le natiche, gli tirava il prepuzio.

È inutile dire che tre o quattro neonati su dieci morivano, anche per i bagni ghiacciati in inverno, eseguiti dalla nutrice o dagli amorevoli genitori. Nessuno fu mai triste o pentito per queste morti, in quanto significava che il bambino era debole.

A questo punto, per dare un quadro più chiaro della storia dei vari ceppi, bisognerebbe illustrare qualche altro punto, come ad esempio l'uso della giustizia, confrontandone l'esercizio nei vari clan, nei diversi posti.

L'inquietante confraternita del ceppo dell'Acqua aveva lasciato allo zio Bürk la facoltà di giudicare i vivi e perdonare i morti; ma la punizione maggiore, da questi inflitta, non prevedeva la morte e così, al limite, si arrivò all'esilio, almeno fino al momento in cui il clan non decise di intraprendere le attività piratesche.

Presso il ceppo della Terra, invece, non ci fu un vero tribunale: i tre fratelli, nonni, padri o figli, uccisero subito e direttamente chi la pensava o agiva diversamente da loro, ma nell'evoluta Roma, del clan del Fuoco, si fece di peggio.

Cosa potrà mai esserci di peggiore dell'essere uccisi? Il modo, certamente.

Ad esempio si potrebbe parlare della crocifissione, per mezzo della quale i romani punivano il brigantaggio e la ribellione degli schiavi.

Dunque, se mai uno schiavo avesse tentato di ribellarsi sarebbe stato condannato. Chi non avrebbe pensato di scappare se messo in condizione di schiavitù?

Eh sì, il l giudice, riconosciuta la colpevolezza e pronunciata la condanna "sia messo in croce!", dettava il titulus, cioè la motivazione della sentenza, scritta su un cartello, quindi indicava le modalità dell'esecuzione, delegata ai carnefici, o, nelle province, ai soldati.

Il condannato, dinanzi al magistrato, veniva inizialmente sottoposto a una a un flagellazione affidata ai tortores, che operavano in coppia. Denudato e legato al palo, veniva colpito con strumenti diversi, a seconda della condizione sociale:per gli schiavi e i provinciali era previsto il flagrum o flagello, formato da due o tre strisce di cuoio o corda, intrecciate con schegge di legno oppure con ossicini di pecora, o anche delle strisce di cuoio aventi alle estremità due piccole sfere metalliche per fare più male, per lacerare le carni, sempre nel nome della civiltà.

I Rom del clan dell'Aria queste cose non le pensarono neppure, ma a Roma il presunto colpevole veniva appeso alla croce per le braccia e fissato con dei chiodi.

Con la crocifissione si voleva provocare una morte lenta, dolorosa e terrificante, esemplare per chi ne era testimone: per "stillicidia emittere animam", lasciare la vita goccia a goccia.

Quando ricordiamo con vanto la storia dei nostri avi e disprezziamo quella degli altri, ricordiamo tutto? Ricordiamo come venivano trattati i neonati?

Conosciamo la storia, oppure parliamo a vanvera?

Poco a poco il quadro si sta facendo più nitido e capiamo, capiremo, le differenze tra i vari ceppi e cosa davvero accadde.

Della civiltà romana rimane, tra le testimonianze, il Colosseo, vero monumento di valore storico inestimabile… i Rom del clan dell'Aria non hanno lasciato monumenti!

Sì, ma del Colosseo potrebbero però essere ricordate le vittime, alle volte colpevoli, alle volte innocenti, sacrificate nel nome del divertimento.

Ma come ci si può davvero divertire nel vedere un uomo ancora vivo, ma sfigurato dal un morso di un leone in pieno volto, mentre urla la sua innocenza?

Il leone che sbrana, facendolo a pezzi, un uomo, strappandogli le viscere, mentre esala l'ultimo respiro, potrà mai essere uno spettacolo migliore rispetto all'illusione di far sparire un agnello con un gioco di prestigio?

Per quanto riguarda il Colosseo si parla di almeno mezzo milione di morti, durante il periodo di attività dell'anfiteatro, nel nome del divertimento.

Siamo sicuri che il Colosseo debba essere considerato un monumento per il quale vantarsi?

Forse andrebbe raso al suolo!

Dunque, pur essendo ancora all'inizio della nostra storia, i ceppi dell'Acqua, del Fuoco e della Terra si affiancarono, idealmente, per commettere soprusi sugli altri.

L'Acqua commise atti di pirateria per superbia verso altri popoli; il Fuoco relegò in schiavitù molti popoli, per dominare il mondo; e così tentò di fare anche il ceppo della Terra, commettendo atti di terrore, che difficilmente si possono descrivere. Basti pensare ai tremendi ed inumani tre gemelli, che si facevano da soli cicatrici, anche profonde, sul viso, per sembrare più spaventosi agli occhi del nemico.

Allora perché cominciò a insinuarsi nella testa di alcuni che il ceppo dell'Aria fosse il popolo da considerare peggiore?

Per invidia? Per pura cattiveria?

A dire il vero, parla la storia, ma nessuno la vuole ascoltare, perché non piace: il ceppo dell'Aria fu il migliore.

Il ceppo dell'Aria, Sinti e Rom insieme, diede origine a un popolo buono, aperto verso gli altri, dall'animo nobile. La storia purtroppo viene ricordata secondo le convenienze; sono pochi quelli che ricordano i fatti, con dovizia di particolari, per come sono davvero avvenuti.

Tornando brevemente alla storia di Roma, nel tempo furono enfatizzati gli aspetti positivi e tralasciati quelli negativi, riguardanti anche i piccoli, ma pur sempre tremendi, aspetti quotidiani.

Per il fatto che un patrizio ricco avesse a disposizione un maestro personale per il proprio figlio, si dice che Roma curasse la cultura e la disciplina, a differenza dei popoli che magari vivevano nei boschi. Non viene però detto che se il figlio del patrizio non avesse imparato la storia classica, il ricco padre avrebbe potuto uccidere lo schiavo-maestro, in quanto considerato non uomo, ma oggetto di sua proprietà.

Se il figlio del patrizio, solo per fare un dispetto al maestro, non avesse deliberatament imparato la lezione, suo padre avrebbe comunque considerato responsabile il docente, ritenendolo incapace, e l'avrebbe ucciso.

Quando si parla degli acquedotti, si dice che Roma fosse davvero evoluta per aver convogliato l'acqua corrente, rispetto a quei popoli che, vivendo nei boschi, si lavavano nei torrenti. Si tralascia, però, di dire che nei bagni pubblici, dopo aver espletato i bisogni fisiologici, gli avventori si pulivano con la stessa spugna, favorendo la proliferazione di temibili infezioni.

Nudi, facevano i bisogni insieme, parlando dei loro affari, e molti morivano di infezioni, che non sapevano di aver contratto in quelle circostanze.

Vi sentireste oggi di fare i vostri bisogni fisiologici all'autogrill tutti insieme nudi, per poi pulirsi con la stessa acqua, con la stessa spugna?

Quando si parla della cucina nell'antica Roma, si elencano gli svariati piatti saporiti e speziati, antenati di nostre recenti ricette e si paragonano al misero pesce insipido, cotto sul fuoco dai componenti del ceppo dell'Aria, tuttavia si tralascia di aggiungere che le spezie e le salse servivano a celare l'odore della carne vicina alla putrefazione.

Dunque il ceppo dell'Aria mangiò dell'insipido, ma freschissimo pesce, mentre il ceppo del Fuoco mangiò della saporita, ma marcia carne, vicina alla decomposizione.

Il ceppo dell'Aria non poté mai vantare una tradizione di coraggiosi e valorosi combattenti, ma Roma allenò dei gladiatori a mutilarsi o uccidersi tra di loro, in pomeriggi afosi e noiosi, o a farsi sbranare da animali importati da tutto il mondo.

Capitolo Quarto

Il ceppo dell'Aria, dunque, fu guidato da HHirl, l'orgoglioso, in Armenia, dove, nell' 884, i principi armeni si ripresero la loro indipendenza, che difesero fino al 1045, quando nuovamente Bisanzio li sottomise.

Il Clan dell'Aria si sviluppò numericamente, nonostante il clima politico difficile e di velata intolleranza nei suoi confronti: la gente di quel popolo tenne sempre gli occhi aperti sul futuro e vide, per fortuna, tempestivamente quanto stava accadendo.

Tutti capirono in fretta che il mondo, perlomeno gran parte di esso, li aveva scelti come vittime da sacrificare, a discapito di una giustizia inesistente. In quel periodo, l'Armenia visse un rinascimento culturale, politico ed economico. Venne fondata una nuova capitale, Ani, ora in Turchia.

Malgrado Ani avesse circa 200.000 abitanti, in un momento storico in cui le capitali europee non arrivavano a 20.000, fu sempre difficile reperire da mangiare per il sostentamento di Rom e Sinti, così si meditò una pianificata scissione: sarebbe stato certo più facile trovare lavoro o semplicemente cibo per una piccola comunità, piuttosto che per un enorme gruppo.

In futuro, se pur divisi, avrebbero conservato un'unica anima, per riconoscersi tra loro in eterno.

L'Armenia divenne una popolosa e prosperosa nazione, che ebbe influenza politica sulle nazioni vicine. Col tempo, però, le cose cambiarono; il sistema entrò in crisi e ciò permise la conseguente conquista bizantina di brevissima durata. Nel 1071, dopo la sconfitta di Bisanzio da parte dei Turchi Selgiuchidi, guidati da Alp Arslan nella Battaglia di Manzikert, l'Armenia Maggiore venne conquistata dai musulmani.

Vi furono momenti di grandissima incertezza e di terrore, tanto che, per fuggire dalla morte o dalla schiavitù, migliaia di famiglie, tra cui il popoloso ceppo dell'Aria, scelsero ancora una volta l'esilio.

Ecco che comunità nomadi del ceppo dell'Aria comparvero a Gerusalemme, a Creta, a Corfù, a Dubrovnik. Ognuna di esse, nell'avvicendarsi di poche generazioni, assunse caratteristiche personali, piccole o grandi sfumature riguardanti religione, lingua e modo di alimentarsi. A guardar bene, vi furono anche cambiamenti somatici, tuttavia sempre riconducibili al grande ceppo, al grande cuore.

Ogni piccolo gruppo si indirizzò laddove sperava di essere accolto benevolmente, laddove meditava di poter trovare le risorse per vivere.

Furono anni peggiori dei precedenti, in numerose occasioni molti morirono di stenti, altri furono cacciati, perseguitati o, semplicemente, evitati e derisi. Le varie leggi delle differenti nazioni, comunque, difficilmente fecero riferimento ad una giustizia comune.

Il nomadismo cominciò a presentare il conto, anche salato, di non poter conservare quanto di buono realizzato dalle generazioni precedenti. Ogni volta fu necessario ricominciare da zero, cosa che non avveniva in altre comunità che, invece, fecero tesoro di quanto costruito o accumulato in precedenza.

Si consolidò, però, lo spirito del popolo ed anche della famiglia, cosa che mai avvenne, almeno con la stessa forza e convinzione, in altre parti del mondo e con altre genti.

Rimasero, inoltre, presso i vari gruppi, caratteristiche comuni: l'abilità manuale dei raffinati artigiani di metalli, il modo di allevare e addomesticare gli animali, soprattutto i cavalli, l'arte della magia e dell'illusionismo, e molte altre cose insegnate dagli avi.

Queste pratiche, purtroppo, con il tempo, furono solo fini a loro stesse, in quanto non trovarono sbocco in lavori di sostentamento.

Il ceppo dell'Aria, che fosse a Gerusalemme, all'isola di Creta, a Corfù, oppure a Dubrovnik, separato in bolle simili al ceppo originario, fu costretto ad accettare un ruolo di emarginato, ghettizzato, ai confini della società.

Dove erano presenti società popolose, laboriose, il clan dell'Aria non veniva integrato e si accontentava di poter dimorare vicino alle città, in attesa di poter lavorare e, conseguetemente, di mangiare.

Spesso dovette accontentarsi degli scarti degli altri.

Facciamo, dunque, l'esempio di una città di molti abitanti, appena dopo l'anno mille, con tutte le difficoltà dei tempi.

Se mai, all'interno di essa, fosse scoppiata un'epidemia e improvvisamente fosse mancata l'acqua, tutti si sarebbero sentiti autorizzati a colpevolizzare i nuovi arrivati, del grande gruppo dell'Aria.

Sarebbe stato facile, e fu infatti così, addossare ogni responsabilità della siccità a quegli strani maghi, e nessuno si sarebbe scandalizzato se una ragazza dedita alla magia fosse stata uccisa a pietrate.

Se poi il più buono dei ricchi signori avesse deciso, magnanimamente, di concedere un lavoro a una bella ragazza con i capelli scuri e luminosi, dalla pelle ambrata, appena arrivata in città, avrebbe anche potuto infilare una mano sotto la sua gonna. E se questa si fosse ribellata, nessuno avrebbe fatto nulla se, con l'altra mano sopra la bocca, le avesse impedito di urlare e addirittura di respirare.

Morta per non aver accettato le avances schifose di un vecchio signore, cosa da poco, secondo altri ricchi signori.

Dunque, gli appartenenti al ceppo dell'Aria si potevano incolpare di tutto quanto accadeva nelle città, per alleggerire le coscienze di tutti i bravi ed educati cittadini.

Il fatto di essere presenti in un posto da più anni spesso, per non dire quasi sempre, autorizzò i popoli preesistenti a sentirsi migliori e a ritenersi giudici nei confronti di un gruppo appena arrivato, come quello dell'Aria.

La comunità dei Rom e dei Sinti, che poi, da questo momento storico, cominciò a dividersi, senza però dimenticare la propria cultura, non fu fucina di banditi e briganti, ma certamente le furono attribuite colpe per crimini mai commessi, come meglio e dettagliatamente vedremo più avanti.

Avere già un colpevole favorì addirittura un comportamento contro le leggi, in quanto si sapeva in anticipo di poter contare sull'impunità.

Il ceppo dell'Aria assunse, così, il ruolo di vittima, non scelto volontariamente, ma imposto dagli altri clan.

L'unico modo per ottenere un ruolo diverso e, quindi, difendersi, sarebbe stato quello di attaccare gli altri ed imporsi con la forza. Ma la natura mite e aperta non permise mai al clan dell'Aria di diventare carnefice, né mandante né esecutore, e neppure "avallante", cosa che, come si vedrà, fu facile per gli altri ceppi.

Il ceppo dell'Aria conservò l'animo nobile degli artisti, dei veri artisti, e l'amore verso il prossimo e per la propria famiglia.

I colori e i profumi della cultura rom continuarono a passare di generazione in generazione, seppur con specifiche modifiche, mantenendo viva la tradizione, anche se tutto venne tramandato di padre in figlio, di madre in figlia, senza scrivere nulla.

Si persero tante cose, ma si fortificò sempre più lo spirito della famiglia: fu delizioso per i figli ascoltare le storie dei padri e dei nonni. Furono sempre circostanze che portarono a fortificare i loro rapporti, come non avvenne in altri ceppi.

Mai venne in mente ad un figlio di abbandonare il proprio padre, come invece sappiamo accadde presso altri popoli.

Tanto per fare un esempio semplice, ma certamente esaustivo, potremmo dire che i piatti tradizionali potevano subire modifiche, se non si trovavano gli stessi ingredienti, ma non cambiava il modo di assaporarli insieme.

È cosa ormai nota che il ceppo dell'Acqua, discendente dallo zio Bürk, aveva la pretesa di essere migliore di altri. E viene da rabbrividire al pensiero che si ritenesse anche un gruppo puro, non avendo subito mescolanze con altri individui di sangue diverso.

Forse, se non ci fosse stato lo zio Bürk, come vedremo affrontando i secoli successivi, non sarebbero morte così tante persone, per dei concetti così assurdi.

A dire il vero la razza, se così si può dire, del clan dell'Acqua, che numericamente non si sviluppò mai tanto, visto la forte selezione che imponeva ad eventuali candidati, non fu mai solo quella diciamo semplicisticamente di origine germanica, o franco germanica, come gli appartenenti al clan ritennero.

Essi avevano dimenticato, prima di tutto, che lo scontroso fondatore Abo, padre di Bürk,, in effetti, era di origini scandinave. Inoltre, successivamente, il ceppo si mescolò con altre genti, con altri popoli.

In quel periodo, certamente prima dell'anno mille, la città di Amburgo fu designata sede di un vescovato, il cui vescovo, sant'Oscar, divenne noto come l'Apostolo del Nord.

Nell'845, una flotta di 600 navi vichinghe arrivò ad Amburgo, risalendo il corso dell'Elba, e la distrusse.

I vichinghi furono spietati, crudeli assassini, ma, dopo tutto, fecero quanto prima commesso dallo stesso clan dell'Acqua, che, come abbiamo visto, si abbandonò ad atti di pirateria e commise reati simili a quelli che dovette subire.

In quell'occasione, come spesso accade durante le invasioni, i predoni stuprarono molte fanciulle, che in seguito ebbero figli originati da quelle violenze, mescolando, così, sangue vichingo e sangue germanico, tanto da rafforzare la derivazione scandinava di Abo.

In quel tempo, la città contava circa cinquecento abitanti, di cui ventisei appartenenti al ceppo dell'Acqua. Due anni dopo, Amburgo fu riunita con Brema, nel vescovato di Amburgo-Brema, e i ventisei, miracolosamente tutti sopravvissuti, videro il loro clan arricchirsi, grazie ai piccoli figli vichinghi di alcune delle fanciulle stuprate.

Il gruppo dell'Acqua si sviluppò e crebbe, ma sempre in modo contenuto, fino a contare, nel 983, trentasei adepti, quando la città fu di nuovo distrutta da Mstivoj, re degli Abodriti.

A quel punto, il clan fu dimezzato e si mescolò con gli Abodriti, di razza slava, per poi procreare altri figli ancora somiglianti ai genitori, ma con delle caratteristiche diverse.

I nuovi nati erano dunque giovani quando, nel 1030, Amburgo fu data alle fiamme da Re Mieszko II Lamberto di Polonia. Dopo le ulteriori invasioni del 1066 e del 1072 il vescovo si stabilì definitivamente a Brema.

La carta del 1189 di Federico I, meglio noto come il Barbarossa, garantì ad Amburgo lo stato di Città Libera Imperiale, con l'esenzione dal pagamento delle tasse doganali, oltre al diritto di commerciare a sud dell'Elba fino alla foce.

Il clan dell'Acqua si fortificò e si buttò sul commercio, lecito, ma spesso e volentieri anche illecito, tanto da poter accumulare una discreta ricchezza.

Il sangue, che scorreva dentro le vene di quegli ormai cinquanta individui, era composto da una radice scandinava, una slava, una franco-germanica ed, infine, anche da una polacca. Tuttavia il ceppo voleva difendere la storia di un'unica discendenza, non si sa per quale motivo.

I suoi appartenenti, inoltre, affermarono sempre di essere originari dei luoghi in cui si trovavano, dimenticando che i loro avi avevano dimorato più a nord, dedicandosi addirittura alla pirateria.

La purezza che millantavano a proposito della loro origine era inesistente, né sarebbe mai potuta essere sinonimo di superiorità, in quanto prima di tutto essi non furono mai puri mentalmente.

Furono sempre, e sempre più, ostili verso tutti e avidi di ricchezza, tanto avidi da accentuare l'aggressività verso gli altri, per potersi appropriare dei loro beni.

In sintesi, come meglio vedremo in seguito, la superiorità fu solo un pretesto.

Il sangue è sempre sangue in ogni individuo, in ogni tempo e luogo … il sangue è solo rosso e sempre indispensabile a tutti. Tuttavia per loro, già in quel preciso momento storico, era indispensabile pensare che il sangue avesse diverse tonalità, differenti sapori e che, naturalmente, il loro fosse migliore di quello di tutti gli altri.

Se tale convinzione fosse stata un loro credo innocuo non avrebbe danneggiato nessuno, ma, purtroppo, il clan dell'Acqua stava covando al suo interno, già da tempo, qualcosa di spaventoso.

Un uovo di gallina e uno di alligatore tutto sommato possono assomigliarsi, ma l'animale che ne uscirà sarà radicalmente diverso. Come vedremo in seguito, l'uovo covato dal clan dell'Acqua fu di alligatore e i membri del clan portarono addosso, come un brutto tatuaggio, il marchio di carnefici esecutori.

Giulio, unico e per questo fondamentale superstite del ceppo del Fuoco, non fu un uomo buono: ebbe dentro di sé una vena negativa, tramandatagli da sua madre, che potremo definire "anima dell'avallante". Più che altro a lui non importò mai nulla del prossimo, in nessuna circostanza.

Egli fu avallante delle cose sbagliate, avallante dei carnefici, mandanti o esecutori che fossero, avallante di un titolo, come di una cambiale, che mai sarebbe stata pagata.

Giulio fu avallante, come i suoi figli dopo di lui e come sua madre prima di lui. Sua madre, infatti, non seppe accettare il ruolo di vittima, tanto che arrivò a suicidarsi. Ma neppure fu mai carnefice, né in veste di mandante né in veste di esecutrice, tuttavia tollerò comportamenti disgustosi senza dire nulla, solo per tutelare i propri interessi.

Giulio non ebbe insegnamenti diretti da parte della madre, ma come lei diventò un essere ignobile.

Il ceppo del Fuoco, dunque, tramandò questa caratteristica anche nei secoli successivi e questo permise ai carnefici di infierire sulle vittime con la compiacenza, appunto, di questo gruppo.

Giulio ereditò la ricchezza del padre, si sposò ed ebbe molti figli, ma non migliorò il suo clan: si comportò come i suoi genitori.

La schiavitù che Roma accettava non l'aveva decisa lui e, visto che ne beneficiava, certo non l'avrebbe mai contrastata: si sarebbe goduto gli agi e i privilegi.

Seppur sposato, ad esempio, poteva beneficiare del corpo fresco di due giovani schiave, che peraltro lo disprezzavano, ma, visto che la legge glielo permetteva, non provava né vergogna né rimorso.

A dire il vero quella sarebbe stata un'occasione grandiosa per cambiare, se solo Giulio avesse avuto il senno di farlo. Se si fosse redento, i suoi discendenti avrebbero appreso da lui il modo di aiutare gli altri, di non approfittare delle persone deboli per il proprio tornaconto, di non avallare quanto esisteva di sbagliato.

Giulio invece non cambiò e ai suoi discendenti, oltre all'eredità materiale in termini di monete, ville, terreni, lasciò un'eredità morale devastante.

Essere avallanti nei secoli significò essere complici di delitti, di tremendi reati, magari indirettamente, come dire "per concorso esterno".

Finché durò l'Impero romano, il clan del Fuoco approfittò della sua posizione di vantaggio, ma il vento cambiò, come sempre accade, e i secoli passarono veloci per tutti i clan.

Il sangue del Fuoco si mescolò, inevitabilmente, a quello di altri gruppi umani, dopo il VII secolo d.C., con l'invasione dei longobardi, la dominazione degli Esarchi, il controllo dei Papi.

Quando la potenza di Roma crollò, i regni si susseguirono e le continue incursioni di popolazioni straniere determinano un maggiore meticciamento e un arricchimento nel numero di discendenti dell'immeritevole Giulio.

Giulio ignavo, forse, ma non tanto da non pretendere privilegi e neppure tanto lontano dai carnefici.

Le Mura Aureliane, ancora solide, resistettero, nell'846 d.C., al tremendo attacco dei Saraceni, ma questi ultimi saccheggiarono le basiliche dei SS. Pietro e Paolo, extramuranee e, con violenza, si mescolarono ancora una volta violentando le pronipoti di Giulio, in quella che fu la capitale del mondo.

Nel corso di un lunghissimo millennio, la città di Roma acquisì una nuova fisionomia urbanistica: la predisposizione della città classica, sviluppata intorno al Foro, fulcro per secoli di ogni attività urbana, entrò definitivamente in crisi, lasciando pian piano il posto ad una nuova città, che potrà poi definirsi tipicamente medioevale. In essa il ceppo del Fuoco si trovò a proprio agio, non proteggendo mai le povere vittime, per allearsi con i carnefici, senza avere il coraggio di emularli.

Il seme dell' avallante, in realtà, fu da sempre dentro il ceppo del Fuoco, ma si manifestò solamente quando se ne presentò l'occasione.

Le piante piccole, e così i ceppi, sono somiglianti, ma poi una diventa grande quercia e un'altra rimane un misero alberello, pur avendo ricevuto lo stesso nutrimento, la stessa luce, la stessa acqua.

È incredibile pensare, lo dobbiamo ribadire, che per qualche tempo il ceppo della Fuoco fu rappresentato solo da Giulio; se non ci fosse stato un individuo solo, o se questi fosse stato diverso, la storia sarebbe stata differente.

Il ceppo della Terra, come già detto, fu guidato da Lukas, Tobias e Julian, uomini dall'aspetto imponente e dal corpo massiccio, come quello dei padri e dei nonni, che probabilmente avrebbero potuto far pensare di più a dei carnefici esecutori piuttosto che a carnefici mandanti.

Non bisogna confondersi, ma il ruolo di carnefice mandante è dieci, cento, mille volte peggiore del ruolo di carnefice che mette in atto, seppur con ferocia, l'esecuzione della pena o della condanna.

Per quanto riguarda questo clan, una svolta avvenne nel famoso e temuto anno 1000, anno in cui sarebbe dovuto finire il mondo e in cui si assistette all'incoronazione del primo re d'Ungheria, Stefano I (1000-1038), che convertì il popolo magiaro al Cristianesimo.

Questo sovrano, durante il suo regno, riuscì a creare uno stato feudale, dando vita a un paese potente, nell'Europa centrale, denominato Hungaria.

Il clan della Terra, composto sempre da pochi ma infernali individui, osservò un tempo di latitanza dalle scene, e forse proprio in quel periodo avvenne la sua trasformazione: prima gli atti malavitosi venivano compiuti dagli stessi membri del gruppo, successivamente sarebbero avvenuti per mezzo di altri, ma con la regia del clan.

A dire il vero, sebbene meno numeroso di altri ceppi, anche questo clan si distribuì in varie direzioni, come vedremo meglio dopo: alcuni rimasero in Ungheria ed altri migrarono in altre nazioni.

Dopo la sua morte, Stefano venne canonizzato, precisamente nel 1083, e da allora è venerato come santo Stefano d'Ungheria, fondatore dello Stato ungherese; ma al ceppo della Terra mai importarono questi aspetti religiosi.

Dopo il breve e tormentato regno del veneziano Pietro Orseolo, erede legittimo di Stefano, i discendenti del primo re d'Ungheria dettero vita alla dinastia degli Árpád, che regnò fino al 1301.

Questo aspetto è fondamentale per capire che, più volte nella storia, l'Ungheria ebbe contaminazioni con sangue italiano, ancora tale, e con quello di tante genti diverse. Tutti hanno sangue misto!

Tra i secoli relativi alla storia ungherese, il XIII fu sicuramente uno dei più complessi. A quell'epoca risale l'intervento legislativo della Bolla d'oro, sotto il regno di Andrea II, con la quale il sovrano riorganizzò e definì la struttura feudale del regno, attribuendo ai feudatari ampie libertà.

Per approfondire meglio, e più tardi capiremo a cosa ci serviranno tutte queste informazioni, fino a che punto il sangue del ceppo della Terra si mescolò a quello di altri gruppi, dobbiamo dilungarci sul regno di Andrea II.

Egli, nonostante l'infruttuosa ribellione contro il fratello, venne nominato reggente dal fratello maggiore Emerico e, alla morte del nipote il giovane Ladislao III, avvenuta nel 1205, gli succedette come re d'Ungheria.

Il regnante, cedendo importanti territori ai nobili sostenitori, con cui ebbe relazioni più strette, e spendendo gran parte delle entrate e del tesoro in enormi e costosi progetti, talvolta stravaganti, rese per la prima volta, nella storia d'Ungheria, la corona dipendente dalla nobiltà, preoccupandosi solo del proprio mantenimento. In seguito, si sposò con una nobile tedesca: Gertrude di Merania, peraltro successivamente uccisa da nobili ribelli.

In questo contesto, dato che all'epoca l'Ungheria era crocevia di moltissimi popoli, quando veniva generato dagli appartenenti al clan della Terra un qualsiasi pensiero, anche spietato e truce, questo veniva poi trasmesso in tutti gli angoli d'Europa, ma anche oltre.

Dunque, se, come carnefice mandante, il clan pensava che il ceppo dell'Aria fosse un ceppo inferiore, questo pensiero veniva non solo portato in giro per l'Europa, ma anche applicato, reprimendo e condannando persone innocenti.

Con l'economia sull'orlo del collasso, il nuovo Re guidò la quinta crociata, su invito del papa Onorio III, nel 1217, nella speranza di essere eletto imperatore latino di Costantinopoli La crociata non era gradita in patria, ma Andrea II riuscì comunque ad arruolare 15 000 uomini, che condusse per l'imbarco a Venezia.

Dopo la rinuncia ungherese alle pretese su Zara, due terzi degli uomini vennero trasportati presso Acri. Ma la crociata non fu che un'illusione: il regno di Gerusalemme fu ridotto ad una striscia di terra. Dopo una battaglia, senza vincitori né vinti, presso il Giordano, il 10 novembre 1217, ed assalti senza esito in Libano e sul monte Tabor, Andrea II cominciò il viaggio di ritorno, il 18 gennaio 1218, passando da Antiochia, Costantinopoli e dalla Bulgaria.

Ancora una volta accadde quanto di vile e spietato i secoli non seppero modificare: mescolati tra i suoi uomini, i componenti del ceppo della Terra contribuirono a uccidere, torturare, rubare, ma anche, contro la loro stessa volontà, a mescolare le razze; alcuni di loro si fermarono in altri Stati ed ebbero dei figli, altri si portarono in Ungheria donne rapite di altre nazioni e di altre religioni.

Dopo tali accadimenti, le cose in Ungheria non migliorarono per nulla e si raggiunse un infimo traguardo nel 1222, quando Andrea si trovò a fronteggiare i baroni ostili, che lo costrinsero ad emanare una Bolla d'oro. Il documento poneva limiti al potere reale e venne chiamato la " Magna Charta di Ungheria".

A questo punto ci interessa sapere cosa accadde dopo, e i fatti portarono il ceppo della Terra a spingersi in Austria, con i soli due componenti rimasti, a causa dell'invasione mongola.

Nel 1223 l'Impero Mongolo, in espansione, distrusse, vicino al rio Kalka, una armata russo-cumana.

I superstiti Cumani si rifugiarono in Ungheria e, dal momento del loro arrivo, gli Ungheresi cercarono di convertirli al cristianesimo, accrescendo l'influenza ed il potere su di loro, per diversi anni. Il re ungherese, Bela IV, ottenne il titolo di "Sovrano di Cumania", allorché i profughi Cumani domandarono ed ottennero asilo in quel regno, e pare che una buona parte dei Cumani avesse accettato il potentato ungherese.

Il re ebbe due consiglieri, György e Janos, discendenti dei tremendi gemelli del clan della Terra.

I Mongoli, che ritenevano i Cumani di loro proprietà, videro gli Ungheresi come avversari e usarono questo spunto per innescare una guerra... nel loro ultimatum accusarono gli Ungheresi di aver massacrato i messaggeri.

A questo punto il popolo Tartaro minacciò un attacco durante tumulti politici in Ungheria.

Bela IV interdì il padre, impedendogli così di proseguire lo sfacelo della casa reale, inoltre confiscò le terre donate da Andrea II ai nobili, facendo sopprimere barbaramente i suoi consiglieri, tutti... tranne due, prese a suo servizio solo quelli che ritenne alla sua diabolica altezza.

Questi furono proprio i due meno affidabili György e Janos, ancora e sempre i superstiti del clan della Terra.

I Mongoli assaltarono l'Ungheria con diversi gruppi armati: uno si mosse attraverso la Polonia, con l'obbiettivo di distruggere un probabile apporto di truppe ausiliarie polacche.

Una seconda armata attaccò la Transilvania, sbaragliando i Voivodi.

Il grosso dei Mongoli oltrepassò il passo fortificato di Vereche, annientando le truppe nemiche. Bela IV iniziò a mobilitare le truppe, acquartierandole tutte, compresi i Cumani, presso la città di Pest, grazie ai suggerimenti di György e Janos che, anche se celatamente, stavano guidando loro il paese, comandando più del loro re.

In quel preciso momento una rivolta intestina fra Cumani e Ungheresi portò all'assassinio del Khan cumano, commissionato da György e Janos. Il clan della Terra, per quanto minuscolo, riuscì a far compiere atti spregevoli, senza commetterli direttamente, rivestendo ancora una volta il ruolo di mandante.

I Cumani si accorsero che si trattava di un tradimento e si diressero verso il sud del paese, rubando dappertutto.

Nutriti gruppi di uomini non riuscirono a raggiungere Pest e vennero massacrati dai Tartari, e dai rinnegati Cumani, prima di giungere alla città.

Quasi nessuno capì che l'assalto dei Tartari potesse davvero rappresentare una seria minaccia alla sicurezza del regno.

Le avanguardie mongole raggiunsero Pest il 15 marzo, avendo precedentemente ed abbondantemente depredato il contado, ed infine il re decise di dar battaglia ai Mongoli, i quali innanzi al suo esercito iniziarono ad arretrare, avvalorando la tesi che costituisse una banale minaccia e che il precedente comportamento del sovrano fosse dovuto non a cautela, ma a codardia.

Gli Ungheresi giunsero allo straripante fiume Sajó, attestandosi per riposare ed attendere rinforzi. Le truppe nemiche erano composte da circa venti, trentamila unità, contro le quindicimila unità della "coalizione" ungherese, raccolta sulle boscose sponde del fiume Sajó. Il cauto sovrano ordinò l'edificazione di piazzeforti di fortuna, composte da carri da traino, ritenendo che i Mongoli paventassero il dover attraversare un così grande fiume.

È noto, storicamente, che i Rutheani, schiavi dei Mongoli, fuggirono in Ungheria, menando voce di un possibile attacco notturno sul ponte del fiume Sajó.

E fu proprio tra i Rutheani che i due superstiti del clan della terra, György e Janos, scelsero le loro due compagne, dando origine ad una ulteriore discendenza.

Chi furono i Rutheani? A dire il vero risulta quasi impossibile identificare specificatamente questo popolo, tuttavia potremmo dire che oggi il territorio storico del Rus' di Kiev dei Rutheani, schiavi dei Mongoli in questa battaglia, è formato da parte dell'Ucraina, parte della Bielorussia, della Russia, nonché da una piccola parte del nord-est della Slovacchia e, infine, da una striscia di terra della Polonia dell'Est.

Dunque ai discendenti di György e Janos si aggiunse anche sangue russo, ucraino, slovacco, polacco? Diciamo semplicemente sangue rutheano.

Gli Ungheresi non ascoltarono con gran attenzione le informazioni e tentarono un assalto a sorpresa, guidato dal principe Kálmán, duca di Slavonia, fratello minore di Bela, dall'arcivescovo Ugrin Csāk e dal Gran Maestro dei Templari, lasciando sguarnito il ponte.

Attenzione a questo passaggio storico estremamente rilevante e fondamentale: la storia dice che il ceppo della Terra incontrò quasi mille anni prima il Gran Maestro dei Templari e ci vengono i brividi a pensare che tra i discendenti, nonché componenti, troveremo addirittura Adolf Hitler.

L'orda in marcia si ingrandiva a dismisura e gli ungheresi compresero tardivamente che ciò che stava accadendo non era un raid di poco conto, ma un vero e proprio attacco in grande stile!

Ne seguì un asperrimo scontro.

Gli Ungheresi persero oltre 10.000 uomini e furono incapaci di mettere in campo una nuova armata per contrastare i Tartari in avanzata. Dopo la vittoria, i Mongoli si attestarono, iniziando un sistematico attacco al resto della nazione.

Dopo la grande battaglia, non esistevano forze in grado di contrastare l'avanzata mongola, una loro sconfitta definitiva perciò risultava impensabile. Fra l'aprile del 1241 e il gennaio del 1242 venne fatto un tentativo ungherese per la riconquista della zona del Danubio, sotto il controllo dei Tartari, e si ottenne, quasi inaspettatamente, un ampio successo. Durante l'inverno si tennero scontri sulle rive ghiacciate del fiume, che i Mongoli tentarono di guadare. Quando l'Orda d'Oro dilagò, la famiglia reale riparò in Austria, in cerca d'aiuto da parte del duca Federico II, il quale, per tutta risposta, imprigionò i membri della delegazione e pretese un corposo riscatto in oro e tre contee confinati ad oriente con l'Austria. Fu a quel punto che due consiglieri del re scapparono e si stabilirono in Austria, per non tornare mai più in Ungheria: questi erano i due superstiti del ceppo della Terra: György e Janos, e con loro le due donne Rutheane.

Capitolo Quinto

Diversi secoli fa, dunque, si delinearono le quattro categorie di individui che ci accompagneranno fine alla fine di questa triste storia.

Tra i carnefici mandanti del clan della Terra, che, per la fame di potere, l'ambizione di prevaricare, il gusto sadico di imporre dolore ad altri od anche solo per denaro, scelsero di infliggere tormenti, torture a persone innocenti, vi furono gli avi, come vedremo in seguito, di Adolf Hitler.

I carnefici mandanti non si sporcarono le mani in reati mostruosi, o forse solo in piccola parte, bensì delegarono i loro piani infernali ad altri, incaricarono una seconda categoria di esecutori.

Forse ebbero il coraggio di pensare alcune cose, ma non di metterle in pratica?

Magari furono malefici da convincere altri, ma non abbastanza forti da imporsi loro stessi con la violenza?

Furono crudeli, ma allo stesso tempo vili?

Forse, ancor peggio, furono talmente spietati da architettare un massacro che da soli non avrebbero potuto mettere in pratica?

Sì, forse questa domanda può trovare una più giusta risposta: i mandanti decisero che avrebbero commesso qualcosa di mostruosamente, infinitamente tremendo, ma che da soli non sarebbero potuti arrivare a tanto e così si fecero aiutare dagli esecutori.

I carnefici esecutori avevano la stessa voglia dei primi di prevaricare, di fare male agli altri, ma meno "verve", meno fantasia, e quindi vennero relegati ad un ruolo pur sempre tremendo, ma di secondo piano.

Gli esecutori non si resero semplicemente conto di quanto fecero?

Furono deboli psicologicamente?

Non furono in grado di pensare atrocità, ma le misero comunque in pratica?

È sempre difficile dare una risposta: i mandanti, come gli esecutori, senza la violenza non sarebbero stati nulla e così, per rappresentare qualcosa, scelsero di non essere umani.

La terza categoria nacque come quella degli avallanti, non tanto di titoli di credito, ma di cattiverie e di atti criminosi.

Chiunque non impedì un crimine, pur non commettendolo, per proprio tornaconto, si trovò nella situazione di essere avallante.

Ebbero timore che non avallando un crimine sarebbero potuti diventare vittime?

Non pensarono, accecati da propri interessi, che stavano giustificando atti terrificanti?

Si resero conto subito che si trattava di crimini, ma preferirono godere di privilegi?

Gli avallanti furono colpevoli quanto i mandanti e quanto gli esecutori, senza sporcarsi le mani come questi ultimi.

Infine la quarta categoria: quella delle vittime.

Appartenere a questa categoria significò patire le pene dell'inferno, ma senza averlo scelto: contrariamente alle tre categorie precedenti, infatti, l'appartenenza a questa categoria fu scelta da altri.

Accettarono la loro condizione di vittime per debolezza?

Subirono tutto, perché reagendo avrebbero fatto del male ad altri?

Se fosse vera quest'ultima ipotesi, che, al momento, pare la più realistica, dovremmo elevare questa categoria, dei dimenticati Rom e Sinti, al livello più alto della santità, perché chi muore per non fare del male ad altri e' solo un santo.

A dire il vero esisterebbe una quinta, ma certamente meno diffusa categoria, che corrisponderebbe a quella degli eroi, santi quanto le vittime.

In questa triste storia, purtroppo, non ci fu.

La categoria degli eroi avrebbe potuto impedire tutto questo, ma nessuno si sentì pronto a sacrificarsi, per salvare le vittime di questo dimenticato olocausto.

O meglio, ci furono degli eroi che aiutarono, salvarono vittime già designate, ma non furono abbastanza per un fenomeno che, nei secoli, portò ad uccidere milioni di persone del ceppo dell'Aria, solo mezzo milione di queste morì durante l'olocausto.

Per meglio dire, la categoria dei carnefici mandanti annoverò tra i propri adepti il clan della Terra, quello originario dell' Ungheria, con sangue misto di diverse zone, che si trovò poi, con pochi ma spietati individui, in Austria.

Il ceppo dell'Acqua interpretò volentieri il ruolo di carnefice esecutore, anche se, fino all'anno mille, tale ruolo non si realizzò, come avvenne meglio nei secoli successivi. E, quindi, a quel punto della storia, il ruolo fu messo in scena da pochi individui.

Il ceppo del Fuoco scelse invece la comoda, ma ripugnate, parte dell'avallante.

Infine troviamo il ceppo dell'Aria dove migliaia, centinaia di migliaia, milioni di individui, intorno all'anno mille, dovettero già subire tremende discriminazioni, privazioni, ghettizzazioni, angherie di ogni livello.

I Rom e i Sinti, divisi in terre straniere, ma sempre fratelli, malgrado avessero deciso di allontanarsi da ogni conflitto e avessero scelto la pace, dovettero essere sempre vittime di pochi, ma truci individui.

Capitolo Sesto

Dunque, sia in tempi di guerra che in tempi di pace, sia insieme che divise, le popolazioni dei Sinti e dei Rom, furono sempre discriminate e diventarono anche oggetto di vari tipi di esperimenti sociali, di razzismo, di schiavitù e di torture.

Rom e Sinti, odiati, oltraggiati, discriminati, considerati esseri inferiori a tutti gli effetti per svariati, ma mai fondati, motivi, vennero scacciati da diverse parti del mondo. La sola colpa di essere d'etnia Sinti o Rom permise agli altri di scaricarsi dal pesante fardello di qualsiasi crimine.

Il ceppo dell'Aria potrebbe essere ricordato, menzionando i vari soggetti, che guidarono il popolo in tanti anni, come Shiarrael, ali delle stelle, oppure S'Tokkr, o anche Thue, così come T'maekh, ma essendo così numerosi, certo oltre al milione, non faremmo giustizia.

Ricorderemo invece che questo clan, come già illustrato ripetutamente, svolse vari lavori tradizionali: fabbro, ciabattino, musicista, domatore e moltissimi altri lavori, tutti tradizionali, tramandati loro dagli avi, di padre in figlio per ripetute generazioni.

Questo fu un loro motivo d'orgoglio, ma purtroppo risultò anche una condanna: il principe Dan I, ad esempio, nel 1385 confermò al monastero di Tisana la donazione di quaranta famiglie del clan dell'Aria, già appartenenti al monastero di Vomita. La donazione era stata fatta dal principe Vladislav I, fra il 1371 e il 1377.

Vennero dunque messi in condizione di schiavitù, in quanto erano fonte di mano d'opera, a costo quasi nullo.

Chi avesse ricevuto questi schiavi in donazione, o anche li avesse comprati, avrebbe potuto utilizzarli come meglio desiderava.

I religiosi, di uno o dell'altro credo, non furono migliori di altri: abusarono, e purtroppo anche in diversi modi, di schiavi appartenenti al clan dell'Aria.

Negli anni a venire le misure repressive furono in tutti gli Stati durissime verso i Rom e i Sinti, senza un motivo valido.

Anche quando giunse nel territorio, in seguito denominato Italia, questo perseguitato ceppo dell'Aria dovette subire, nel 1433, un bando, il primo di una lunga serie, emesso dalla Serenissima Repubblica di Venezia contro le comunità romanès.

Persino la colpa della peste fu addossata agli "Zingari", tanto che, il 13 aprile del 1493, anche il Ducato di Milano emanò il primo bando contro tutti gli zingari che vi si trovavano: "De presente in questa parte debbiano subito partirse et per lo advenire non ardiscano più ritornare tra Po et Adda sotto pena de la forca".

Vennero cacciati, picchiati ed anche uccisi. Un bando protesse i carnefici e li autorizzò ad uccidere persone innocenti.

Quando, per un attimo, si ha coscienza di riconoscere questo tragico quadro, bisogna pensare, per dare ragione alla memoria, che tutti i mali possibili furono perpetrati addirittura contro i bambini.

Una tragedia dentro un inferno.

A Milano non bastò il primo bando per perseguitare gli "Zingari", e così il 23 aprile del 1506 venne pubblicato un editto secondo il quale "zingari e accattoni non possono venire né stare nel dominio sotto pena di tre tratti di corda e a quelli che li lasceranno passare e li alloggeranno fiorini venticinque d'applicare".

Così si scelse di coinvolgere la gente comune per cacciare, picchiare e uccidere ancora questi popoli tormentati.

No, non furono casi isolati, ci furono bandi e provvedimenti in tutti gli Stati della futura Italia, si proseguì oltre: l'importante era fare piazza pulita.

Fu un modo di tenere la gente occupata, come certi governi fanno oggi, ma nessuno si rese conto di commettere terribili reati e anche di essere preso in giro.

La gente comune si trovò spesso alla fame, piena di malattie, con un tasso di mortalità esagerata, e così sarebbe potuta diventare pericolosa verso i governanti, i quali pensarono bene di addossare ogni responsabilità agli zingari.

Trovato il colpevole, la gente afferrò al volo l'occasione per fare giustizia, senza rendersi conto che stava trucidando innocenti.

Il clan dell'Aria subì, il 3 novembre del 1547, l'editto del Gran Ducato di Toscana, che obbligò le famiglie romanès ad abbandonare il territorio entro un mese, sotto pena della galera.

Dunque, molti componenti del clan dell'Aria furono imprigionati, in quanto non sapevano neppure dell'esistenza di quell' ingiusto regolamento.

Gli editti furono molteplici, ma anche poco chiari, come quello emesso nel 1549 dal Senato di Venezia, che condannava a dieci anni di galera chi avesse vagabondato sul territorio della Serenissima e, in più, avrebbe ricompensato chi avesse consegnato o anche ucciso i trasgressori.

Dunque si lasciò all'uomo comune il potere di giudicare i vivi e condannarli a morte? Eh sì! I componenti del clan dell'Aria furono uccisi, anche a Venezia, da molti, solamente per ricevere la ricompensa.

Così anche i bambini, va ripetuto spesso, bambini rom uccisi, chiamati con disprezzo zingari, uccisi nel falso nome della giustizia e nel nome vero del potente Dio denaro o del potere.

Un uomo, un padre di famiglia come poté mai uccidere dei bimbi, figli di altri, ma sempre bimbi innocenti?

Qualcuno, addirittura, approfittò di una legge iniqua, per sanare vecchi rancori: si uccideva una persona e si diceva appartenesse ai rom, ma alcune volte, oltre che essere naturalmente sempre ingiusto, ciò era anche falso.

Non fu mai abbastanza, purtroppo, e pensare che accade in tantissime nazioni! Il Senato di Venezia emanò, nel 1558, un bando, un altro maledettissimo bando, con cui "…li detti Cingani", poterono "essere puniti, ammazzati, si che li interfattori per tali homicidi non abbino a incorrer in alcuna pena".

Dunque accadde anche che un giovane "zingaro" fosse ucciso, per portargli via la giovane amante, ma… naturalmente tutto autorizzato!

Anche la "tradizionale" clemenza pontificia si spense: il 12 maggio dell'anno successivo, le autorità di Bologna, Stato Pontificio appunto, emanarono un "Bando contra li Cingani".

E così nel 1566 si diede ferocemente contro il ceppo dell'Aria: Il 10 luglio lo Stato Pontificio "per mandato et ordine espresso di Nostro Signore di sua viva voce a noi fatto" emana un bando di espulsione contro le comunità romanès, con la minaccia della frusta e della forca.

I rom furono torturati a sangue e uccisi con impiccagioni, per rispettare le leggi.

Quanti? Non si sa… "quegli zingari" non ebbero neppure la decenza di censirsi prima di morire impiccati!

Il clan dell'Aria fu anche obbligato ad arruolarsi forzatamente, senza paga, per aiutare la Chiesa.

Al Papa Pio V, il 7 ottobre 1570, venne in mente la bella idea di far rastrellare, nelle campagne romane, gli uomini abili delle comunità romanès e di inviarli a remare sulle navi, nella battaglia di Lepanto contro i Turchi Ottomani.

La battaglia di Lèpanto fu uno storico scontro navale, avvenuto il 7 ottobre 1571, nel corso della guerra di Cipro, tra le flotte musulmane dell'Impero ottomano e quelle cristiane della Lega Santa che riuniva le forze navali della Repubblica di Venezia, dell'Impero spagnolo (con il Regno di Napoli e di Sicilia), dello Stato Pontificio, della Repubblica di Genova, dei Cavalieri di Malta, del Ducato di Savoia, del Granducato di Toscana, federate sotto le insegne pontificie.

Centinaia, migliaia di Rom e Sinti, del ceppo dell'Aria, furono arruolati come schiavi a remare, per poi morire per una guerra non loro, per una religione con principi dubbi e per poi essere dimenticati?

La battaglia, si concluse con una schiacciante vittoria delle forze alleate, guidate da Don Giovanni d'Austria, su quelle ottomane di Müezzinzade Alì Pascià, che perse la vita nello scontro.

La battaglia di Lepanto ebbe un profondo significato religioso. Prima della partenza, il Pontefice Pio V, benedetto lo stendardo raffigurante, su fondo rosso, il Crocifisso tra gli apostoli Pietro e Paolo e sormontato dal motto costantiniano:" In hoc signo vinces", lo consegnò al Duca Marcantonio Colonna di Paliano. Tale simbolo, insieme con l'Immagine della Madonna e la scritta:" S. Maria succurre miseris", issato sulla nave ammiraglia Real, sotto il comando del Principe Don Giovanni d'Austria, sarà l'unico a sventolare in tutto lo schieramento cristiano all'inizio della battaglia, quando, alle grida di: "Guerra!" e ai primi cannoneggiamenti turchi, i combattenti cristiani si uniranno in una preghiera di intercessione a Gesù Cristo e alla Vergine Maria.

Ebbe un profondo significato religioso far partecipare e morire, in veste di schiavi, persone che venivano disprezzate perché ritenute inferiori?

Si pensò che il tempo avrebbe cancellato questo turpe misfatto e avrebbe lasciato solo il ricordo della vittoria, e purtroppo così fu davvero.

I tanti "Zingari", che non fecero ritorno a casa, non furono ricordati da una religione che si professava a favore dei deboli.

Eccoci giungere al 1693, quando, nel Ducato di Milano, la grida dell'8 agosto autorizza ogni cittadino:"... d'ammazzarli impune e levar loro ogni sorta di robbe, bestiami e denari che gli trovasse...".

Questo è un aspetto da analizzare con maggiore cura.

Il clan dell' Aria per secoli ereditò dalle generazioni precedenti una ricchezza alquanto modesta, da non poterla neppure definire tale.

Questa eredità era sempre costituita da pochi beni: pelli, qualche tessuto, materie prime, magari un asino, e poco più.

Pur essendo un clan non ricco, fu oggetto di spogliazioni: nel Ducato di Milano, ma anche in molte, troppe altre città, si decise di autorizzare il furto a danno del ceppo dell'Aria.

I rom divennero così sempre più poveri, anche nullatenenti, gli fu rubato tutto ... molti furono uccisi e naturalmente, come da triste tradizione, alle volte le fanciulle vennero pure violentate.

Questo momento storico è da sottolineare: molti abitanti, sebbene cittadini del ricco Ducato di Milano, rubarono ai rom e li uccisero.

Milano autorizzò a rubare i beni del clan dell'Aria e a ucciderne i membri.

Come mai abbiamo dimenticato la storia? Poca memoria? Convenienza? Vergogna?

Oggi non lo ricorda nessuno?

I politici di oggi lo sanno e fanno finta di niente, oppure non lo sanno?!

Ancora una volta il clan dell'Aria dovette subire supplizi fisici e vessazioni morali.

Il ceppo dell'Aria dovette essere ancora e sempre vittima.

Piu' avanti, torneremo anni indietro col racconto, solo per poterci allineare alla storia di altri ceppi e continuare il cammino in parallelo.

Nel frattempo, il ceppo dell'Acqua, discendente dal vecchio zio Bürk, credette, ancora una volta, e si vantò, come se fosse motivo di prestigio, di discendere da un unico seme puro di genti di Amburgo.

Federico Barbarossa concesse ad Amburgo lo status di Libera Città Imperiale Inoltre consentì ai suoi cittadini l'accesso gratuito fino al Basso Elba nel Mare del Nord, il diritto di pesca, di tagliare gli alberi e la libertà dal servizio militare.

Qualche anno più tardi, gli appartenenti al clan dell'Acqua mescolarono, nuovamente, il loro sangue con quello di genti arrivate da nord, tanto da poter essere forse più scandinavi che franco-germanici. Ciò avvenne quando Valdemar II di Danimarca fece irruzione e occupò Amburgo nel 1201 e, in seguito, nel 1214, Federico II di Svevia rifiutò tutte le proprietà a nord del fiume Elba. Amburgo venne così controllata dalla Danimarca. Il governatore danese unì la nuova e le vecchie parti di Amburgo sotto un unico governo; così il Municipio, il Tribunale e, di fatto, il clan dell'Acqua, seppur per breve tempo, si trovarono ad essere danesi.

Il ritorno di Amburgo alla libertà segnò l'arrivo di alcune leggi, una delle quali tutelò i cigni, peraltro numerosi nella città.

La cosa potrebbe apparire fuori luogo e di poca importanza, ma invece è molto attinente ed anche importantissima. Seguiamo con attenzione.

Alcuni individui del ceppo dell'Acqua, ma anche altri cittadini di Amburgo, stretti nella morsa della fame, avrebbero subito pene dure se avessero ucciso i cigni per cibarsene; infatti, nel 1264, il Senato di Amburgo aveva emanato una legge per proteggere i cigni della città. Punizioni dure sarebbero state inflitte a chi avesse picchiato a morte, insultato o mangiato un cigno. Questo perché una credenza popolare riteneva che Amburgo sarebbe restata libera e anseatica finché i cigni avessero vissuto sul fiume Alster.

Senza nulla togliere ai meravigliosi cigni di Amburgo, protetti da quella lungimirante legge, dobbiamo ricordare che negli stessi anni, lontano da quella terra, vennero promulgate e applicate delle leggi per eliminare i rom, dopo averli derubati.

Non dobbiamo rimanere esterrefatti nel confrontare tra loro leggi così diverse. Infatti, negli anni successivi, potremo trovare un confronto ancora più grottesco: sempre mentre il ceppo dell'Aria veniva per legge cacciato, derubato, torturato e ucciso, nel 1330 fu vietato ai sacerdoti di indossare maschere ed esibirsi in danze per le strade. Inoltre, dopo i loro viaggi al Ilse, sul fiume Alster, ai sacerdoti era proibito correre nudi attraverso la città.

Ci rendiamo conto?!

Non bisognava uccidere i cigni, neppure per fame, e forse fu anche cosa giusta, i preti dovevano evitare di correre nudi, peraltro forse avrebbe stupito vederli senza vesti, tuttavia, negli stessi anni, venivano uccisi i Rom, e anche i Sinti, sempre per legge.

Il peggio arrivò poco dopo, in quanto un inferno scosse il mondo, una tragedia di dimensioni inimmaginabili.

Nel 1350 la peste, nota anche come morte nera, una delle pandemie più mortali della storia umana, colpì Amburgo uccidendo più di 6.000 persone, la metà della popolazione della città.

Il continente fu flagellato da quella pandemia che uccise circa 25 milioni di persone in poco tempo: un'apocalisse.

In una prima fase, la medicina del tempo e i suoi rappresentanti rimasero spaesati e così la religione.

Come sarebbe stato possibile spiegarsi una tale devastazione, senza mettere in dubbio i principi medici?

Capitò, infatti, che i medici perdessero tutti i pazienti, uccisi dalla pandemia, e che morissero loro stessi. Anche la religione non riusciva a spiegarsi perché dovessero morire tutti e iniziò a cercare i colpevoli.

Potevano essere i ricchi, i potenti, i cattivi, colpevoli di un problema di tali proporzioni?

No di certo! La colpa andava data a chi avrebbe subito passivamente, in modo da tutelare sia i luminari della medicina che i probi rappresentanti della religione.

In tutta Europa così si scelse, arbitrariamente, di incriminare gli Ebrei e i Rom, per quanto avveniva.

In buona sostanza, il ceppo dell'Acqua scelse e rafforzò il suo ruolo di carnefice esecutore e si occupò di ghettizzare, esiliare, uccidere più componenti possibile tra gli appartenenti al clan dell'Aria.

Alcuni mettevano in giro voci, con il preciso scopo di infierire su determinate categorie e, tra questi, vi furono sia medici, sia religiosi.

Non si poteva pensare che la morte nera, quella terribile peste, fosse portata da gruppi marginali, ma fu utile farlo pensare, e così si incolparono oltre gli Ebrei e i Rom, anche le streghe.

Tra quelli che praticavano la stregoneria, vennero annoverati anche coloro che praticavano l'illusionismo, e così per gli innocenti "Zingari" fu la fine.

Le streghe erano perseguitate, poiché accusate di parteggiare per il demonio, di avere con questo rapporti carnali, nel corso di rituali chiamati sabba, durante i quali, tra l'altro, avrebbero sacrificato bambini, bevendo il loro sangue.

Erano solo leggende diffuse dai carnefici mandanti, cioè dagli appartenenti al clan della Terra, ma il clan dell'Acqua approfittò di queste idee malsane, e chiaramente infondate, per uccidere.

In realtà furono gli altri a fare sacrifici, in quanto uccisero persone innocenti.

C'è da ricordare che la diffusione della peste avvenne anche perché il clan dell'Acqua aveva l'abitudine di torturare gli accusati e, se mai qualcuno fosse stato malato, con la fuoriuscita di sangue, il virus avrebbe trovato facile diffusione.

Anche il fatto di derubare la povera gente favorì purtroppo la pandemia.

Gli uomini di fede, spesso più feroci di tutti, ritenevano che la peste fosse stata mandata da Dio come punizione, perciò organizzavano preghiere, raduni, processioni, movimenti di convivenza.

Le comunità si trovavano quindi insieme, ma tali eventi collettivi si rivelarono un'ottima occasione per veicolare l'agente patogeno per via respiratoria, favorendo l'epidemia.

Non solo i religiosi non capirono l'assurdità di condannare degli innocenti, ma aggravarono i rischi per loro stessi. Cattivi e stupidi.

Gli "Zingari", che ebbero la fortuna di essere sani, non contagiati, vennero messi al bando, in quanto si ritenne che nel loro caso fossero protetti da magia e quindi pericolosi.

Siccome useremo il termine "Zingari" anche in seguito, è bene dire che per molti studiosi tale nome distingue semplicemente l'etnia e non e' assolutamente dispregiativo. Avrete notato, infatti, che alcuni vocaboli, tra cui questo, vengono usati con l'iniziale maiuscola, proprio per accrescerne il rispetto.

"Zingari" è purtroppo usato in modo dispregiativo, svilendo il suo significato storico, ma potrebbe succedere per altri mille vocaboli; in questo libro il termine "Zingaro" è utilizzato come potrebbe essere utilizzato il termine "Americano" oppure il termine "Ligure" o ancora "Romagnolo", "Dalmata".

Detto questo, molti, troppi Zingari furono messi al rogo, sempre dallo stesso gruppo di carnefici esecutori.

Certo che, dopo essere stato torturato nei modi più disumani, chiunque avrebbe confessato di praticare la magia.

In tanti vennero bruciati vivi nelle piazze dei paesi, su pire ardenti. I processi erano molto semplici: gli accusati venivano interrogati da una commissione composta da un inquisitore, un notaio e due esperti di diritto. In tutti gli Stati i processi si assomigliavano, ma laddove furono meno organizzati, comunque le torture vennero sempre praticate con sadismo. L'inquisitore, o giudice che fosse, sedeva su una sedia alta e spesso scendeva avvicinandosi all'accusato, alternando frasi in latino a quelle nella lingua della nazione di appartenenza, Peccato che le povere vittime, Rom o Sinti, la maggior parte delle volte non parlassero, e quindi non capissero, quelle lingue.

La difesa d'ufficio era sempre ridicola. Spesso il giudice, da grande esperto, si vantava di saper riconoscere un colpevole anche solo dall'abbigliamento, dalla postura e dallo sguardo. Naturalmente i Rom avevano sempre le vesti da colpevoli e i Sinti la postura da colpevoli.

Per i più ostinati, che non ammettevano le loro colpe, si ricorreva al carcere duro o alla tortura o anche ad entrambe le cose. Gli strumenti utilizzati erano una sorta di congegni diabolici, concepiti per arrecare il massimo della sofferenza all'imputato, costringendolo a dichiararsi colpevole.

Che brave persone questi giudici, religiosi o medici che fossero!

Molti strumenti di tortura furono invenzioni civili, come ad esempio il "cavalletto" per tirare gli arti, oppure la "pera", marchingegno che si infilava in bocca o nel retto dei malcapitati e veniva allargato al loro interno, tramite una vite manovrata dal di fuori.

Tanto per sventrare, per spaccare.

Altri arnesi utilizzati erano la "sedia inquisitoriale", munita di spuntoni per la schiena e per le braccia; oppure "l'imbuto per annegamento" con cui venivano fatti tranguggiare litri e litri d'acqua, fino a provocare una sensazione di soffocamento. Vanno annoverati anche lo "schiaccia-pollici" e lo "schiaccia-seni".

Il "pendolo umano" che reggeva gli imputati appesi, con le mani legate dietro alla schiena, sollevava i poveretti ad una determinata altezza, per poi lasciarli cadere, con conseguenti lesioni muscolari e fratture agli arti superiori.

Alcuni uomini, cosa che neppure il diavolo in persona avrebbe pensato, vennero strappati in due parti.

L'Europa, dunque, fu per molti anni, ma tranquillamente potremmo dire per secoli, un inferno, e i Rom, come i Sinti, furono i dannati, condannati per peccati che non avevano mai commesso.

Ma come poté mai succedere una cosa del genere?!

Dunque, se un Rom aveva la sfortuna di ammalarsi veniva ucciso, perché colpevole di diffondere la malattia, e se invece aveva la fortuna di non ammalarsi, veniva accusato di stregoneria e per questo bruciato vivo?!

La religione ha avuto il coraggio, per non perdere il proprio potere, di uccidere persone, tra cui tanti bambini, facendo subire loro le pene dell'inferno.

Chi fu il demonio per davvero?

Il clan dell' Acqua uccise a servizio della religione e della medicina, per poche monete o anche solo per il gusto di farlo.

I discendenti di Giulio, del ceppo del Fuoco, ebbero sempre lo stesso atteggiamento: non vedevano ingiustizie se queste erano perpetrate ai danni di altri e apprezzavano i vantaggi di stare dalla parte del più forte, malgrado questi potesse essere anche un tremendo bandito.

In Italia, intanto, le prima città ad affermarsi furono le Repubbliche marinare: Amalfi, Venezia, Pisa e Genova. Poi nacquero i Comuni, cioè delle città che si organizzarono come piccoli Stati indipendenti. In questo caso i discendenti di Giulio, che si erano moltiplicati e distribuiti in varie direzioni, guardarono sempre con lo stesso atteggiamento quanto stava succedendo.

Capitolo Settimo

Da secoli ormai, in Occidente, era avvenuto un cambiamento nei rapporti tra gli Europei e gli altri popoli. Da secoli ormai l'Occidente subiva invasioni e scorrerie. A partire dall'XI secolo, invece, prese l'avvio un processo che portò gli Europei a conquistare nuovi territori.

I carnefici mandanti decidevano chi o cosa conquistare, i carnefici esecutori mettevano in pratica la conquista, le vittime la subivano e il ceppo del Fuoco si metteva ai margini degli accadimenti per poterne raccogliere i frutti.

Mai sarebbe intervenuto nessuno del clan, anche se avesse assistito ad un'ingiustizia, a un sopruso: avrebbe dovuto rinunciare al vantaggio prospettato! Così il ceppo del Fuoco continuò ad affermarsi con il ruolo di avallante. Gli Europei tentarono anche di riconquistare la Palestina, la Terra Santa, che ospita i luoghi in cui visse e morì Gesù, all'epoca controllata dai Turchi. Per raggiungere quell'obiettivo, organizzarono tra il 1096 e il 1270 sette guerre contro i Turchi: le Crociate, così chiamate perché i guerrieri cristiani, i crociati, indossavano una sopravveste bianca, con una croce rossa. A costo di uscire fuori tema, dobbiamo soffermarci sulle crociate, anche se qualcosa, parlando dell'Ungheria, l'abbiamo già detta.

Nell'anno 1095 iniziò la Prima Crociata, per ordine del papa Urbano I.

Tra il 12 e il 24 giugno del 1096, in soli dodici giorni, nelle stragi avvenute in Ungheria, presso Wieselburg e Semlin, persero la vita migliaia di persone; gli avallanti del ceppo del Fuoco, così come gli avallanti di altri ceppi, non dissero nè fecero nulla, per impedirlo, tanto da diventare di fatto complici.

Dal 9 al 16 settembre dello stesso anno, durante l'assedio della città residenziale turca di Nikaia, cavalieri francesi cristiani massacrano migliaia di abitanti, facendo a pezzi e bruciando vivi vecchi e bambini, mentre il ceppo del Fuoco, come detto, lucrò sul commercio che ruotava intorno alle crociate.

A queste azioni belliche parteciparono, il 26 settembre, durante la conquista della fortezza di Xerigordon, anche cavalieri crociati tedeschi.

In complesso, fino al gennaio 1098, vennero espugnate e saccheggiate 40 capitali e duecento fortezze. Non si conobbe mai l'esatto numero delle vittime, ma queste furono migliaia.

Il 3 giugno 1098, le armate crociate conquistarono Antiochia. In quell'assedio vennero uccisi tra i diecimila e i sessantamila musulmani, con la complicità di tutti.

«Sulle piazze si accumulavano i cadaveri a tal punto che, per il tremendo fetore, nessuno poteva resistere a restare: non v'era nessuna via, in città, che fosse sgombra di corpi in decomposizione» e ancora nessuno trovò terrificante il fatto.

Il 28 giugno 1098 furono ammazzati altri centomila turchi musulmani, donne e bambini compresi. Negli accampamenti turchi, i crociati trovarono non solamente un ricco bottino, tra cui «moltissimi libri in cui erano descritti con esecrandi segni i riti blasfemi di turchi e saraceni», ma anche «donne, bambini, lattanti, parte dei quali trafissero subito, e parte schiacciarono sotto gli zoccoli dei loro cavalli, riempiendo i campi di cadaveri orribilmente lacerati».

Si disse che tutto fu fatto come Dio comandava!

Questo aspetto è fondamentale per riprendere la nostra storia: i perseguitati Rom e Sinti furono torturati e uccisi da gruppi, da popoli, anche da singole persone, convinti che fosse il loro Dio a comandare tali scempi.

Non solo in mezzo a quell'inferno, insieme ai turchi, insieme ai musulmani, ci furono ancora una volta anche Rom del ceppo dell'Aria, ma non vennero ricordati, se non marginalmente e per sbaglio.

Come sarebbe stato possibile chiedere alla loro coscienza di fare giustizia, quando trafiggere i bambini con spade e lance fu creduta cosa buona e giusta?

Il 12 dicembre 1098, nella conquista della città di Maraat an-numan, furono ammazzate altre migliaia di "infedeli". A causa della carestia che ne seguì, «I corpi già maleodoranti dei nemici vennero mangiati dalle schiere cristiane».

Si arrivò al cannibalismo!!!

Finalmente, il 15 luglio 1098, venne espugnata Gerusalemme, dove vennero ammazzate più di 60.000 persone, tra ebrei e musulmani, uomini, donne e bambini.

Sulla strada vennero uccisi anche i Rom e i Sinti, ma seppur accomunati dallo stesso infame destino di altri popoli, come i musulmani e gli ebrei, il ceppo dell'Aria fu di nuovo dimenticato.

Fu sbagliato, tremendo, inumano, assurdo, uccidere gli ebrei e i musulmani, ma dopo qualcuno, seppur troppo tardi, se ne ricordò. Certo non furono ripianati i torti, e neppure furono riportate in vita le vittime, ma almeno qualcuno si ricordò di loro! La stessa cosa fu fatta ai Rom e ai Sinti, ma nessuno pensò mai di onorare la loro memoria.

È fondamentale sottolineare un'altra cosa: il ceppo del Fuoco non fu, ovviamente, solo e ancora Giulio; nel tempo crebbe, ma tuttavia non così tanto. Dunque, perché gli avallanti furono milioni di persone che non intervennero, che non videro, che non vollero sapere?

Ma quanti furono i mostri dei nostri secoli? Quante cose non abbiamo mai saputo oppure, peggio, abbiamo voluto dimenticare?

Davvero le crociate furono motivo di vanto?!

«Le donne, che avevano cercato scampo negli edifici alti e nei palazzi turriti, furono buttate giù a fil di spada; i bambini, anche i neonati, li tiravano a pedate dal petto delle madri, o li strappavano dalle culle, per poi sbatterli contro i muri o le soglie»

Eppure… «Felici, piangenti per l'immensa gioia, i nostri si radunarono quindi dinanzi alla tomba del nostro salvatore Gesù, per rendergli omaggio e offrirgli il loro ringraziamento… E non fu soltanto lo spettacolo dei cadaveri smembrati, sfigurati, irriconoscibili, a lasciar sbigottito l'osservatore; in realtà, incuteva sgomento anche l'immagine stessa dei vincitori, grondanti di sangue dalla testa ai piedi, sicché l'orrore s'impadroniva di tutti quelli che li incontravano»

Alla resa dei conti, la Prima Crociata costò la vita a oltre un milione di persone: «Grazie e lode a Dio!» Nella battaglia di Ascalon, il 12 agosto 1099, vennero abbattuti 200.000 infedeli «in nome del nostro Signore Gesù Cristo»

Quarta Crociata: il 12 aprile 1204, i crociati mettono a sacco la città (cristiana!) di Costantinopoli. Il numero delle vittime non è stato tramandato. Le restanti crociate in cifre: fino alla caduta di Akkon (1291) si stimarono 20 milioni di vittime e di queste non si sa quanti zingari di passaggio, tuttavia molti, troppi.

No, i pronipoti dei pronipoti di Giulio non decisero di fare le crociate e quindi non si arruolarono per combattere, tuttavia incrementarono il loro commercio, grazie ai preparativi da affrontare prima di quelle spedizioni religiose e grazie a quanto poi venne riportato da quei paesi lontani.

Al ceppo del Fuoco non importò mai se si trattasse di merce rubata, l'importante era solo guadagnare.

La potenza militare dei Turchi era troppo forte e la conquista definitiva della Palestina risultò impossibile, ma anche questo poco importò al ceppo del Fuoco; d'altronde le crociate non aveva voluto intraprenderle!

Tra il 1000 e il 1300 la scena politica fu dominata dallo scontro tra Papato e Impero. I papi volevano affermare la loro supremazia su tutte le autorità politiche, compreso l'imperatore. Mentre gli imperatori volevano controllare la Chiesa.

Lo scontro tra Papato ed Impero terminò con la sconfitta di entrambi i contendenti.

Anche in questo caso il ceppo del Fuoco si mise da parte, ma continuò i commerci, i sotterfugi, la vendita di informazioni sotto forma di spiate, i servigi in veste di ruffiani e quanto altro mai potesse arricchirli, con buona pace delle coscienze delicate.

Mentre gli imperatori si logoravano nello scontro con il Papato, in Germania cresceva il potere dei grandi feudatari e in Italia si affermavano i Comuni. L'Impero non era più in grado di avere una piena sovranità, neanche sui territori controllati direttamente. Ancor più dura fu la sorte del Papato. All'inizio del Trecento, papa Bonifacio VIII tentò di riaffermare la superiorità del papa su tutte le autorità politiche. A questo tentativo si oppose il primo re di Francia Filippo IV.

Seguirono, lotte, tradimenti, complotti, tanto da allontanare la sede papale da Roma, si giunse fino ad avere tre papi contemporaneamente, nello Scisma d'Occidente.

Lasciando stare l'aspetto dei tre papi, di per sé un fatto perlomeno strano, è necessario ribadire che il ceppo del Fuoco si adoperò in modo che le ingiustizie fossero ancora perpetrate, in modo da raccoglierne i frutti senza esporsi.

Spinti dalle esigenze economiche e dal desiderio di nuove conoscenze, alcuni Stati europei, spesso bagnati dal mare, iniziarono a navigare gli oceani, alla ricerca di un più rapido collegamento con l'Oriente. Vennero organizzate molte spedizioni, ma la più famosa è certamente quella finanziata dalla Spagna, che ebbe come protagonista il navigatore italiano Cristoforo Colombo. Colombo, il 12 ottobre 1492, scoprì un continente ancora sconosciuto: l'America.

Si crede, appunto pensando alla famosa spedizione di Colombo, che il popolo italiano sia un popolo di santi, poeti, navigatori ed anche artisti. Tuttavia è un popolo frutto anche dell'incontro di genti diverse, quindi di sangue misto e, al suo interno, non vi erano solo persone positive e piene di pregi, ma anche gli abili individui del ceppo del Fuoco, e quindi indegni, avallanti.

Nel frattempo, il ceppo della Terra aveva trovato casa in Austria, dove Carlo di Gand venne incoronato imperatore nel 1519, col nome di Carlo V. Questi, grazie alla politica matrimoniale del nonno Massimiliano I, fondò un impero vastissimo, formato da: Castiglia, Paesi Bassi, Borgogna, Franca Contea, Alsazia, Aragona (con tutti i possedimenti italiani), Austria, Stiria, Carinzia, e tutti i territori delle colonie spagnole nel nuovo mondo.

Ancora una volta il sangue del clan si mescolò e amalgamò uniformemente ed il ceppo della Terra si aggrappò a ricordi di incerta provenienza, come quello relativo ai templari.

All'impero Carlo V riuscì ad accorpare anche la Boemia e l'Ungheria, grazie al matrimonio del fratello Ferdinando I con Anna Jagellone. L'imperatore dovette, però, combattere più volte contro la Francia, unico suo ostacolo nel tentativo di dominare l'Europa.

Gli appartenenti al clan della Terra continuarono a tramare, per non dare pace ai deboli, con il preciso scopo di dominare il mondo.

Dopo continue guerre contro i francesi, contro i principi tedeschi e gli inglesi che saccheggiavano i carichi d'oro e d'argento provenienti dalle colonie, Carlo V fu costretto ad abdicare a favore del figlio Filippo, che avrebbe ereditato la Spagna (colonie comprese), i possedimenti italiani, i Paesi Bassi e la Franca Contea; il rimanente sarebbe andato al fratello Ferdinando I, insieme alla corona imperiale.

Il ramo austriaco della famiglia venne alla luce nel 1521, con la suddivisione dei domini asburgici tra i due eredi: Ferdinando I, cui venne concesso il governo dell'Austria, e Filippo II, il figlio maggiore di Carlo, che avrebbe governato i rimanenti territori. Ferdinando I riprese le riforme burocratiche del nonno Massimiliano I, e riorganizzò con fermezza tutti i territori sotto il suo dominio.

Dopo la morte di Carlo V, nel 1558, il titolo imperiale passò a Ferdinando I. Il titolo di Imperatore del Sacro Romano Impero, acquisito nel 1558 da Ferdinando I, rimase al ramo austriaco della famiglia, che data la sua potenza e influenza sui principi tedeschi, riuscì a tenerlo fino alla morte di Carlo VI, ultimo maschio della famiglia. Dopo, il titolo imperiale passò a Francesco Stefano di Lorena, e da lui ai figli maschi della dinastia austriaca degli Asburgo-Lorena.

Gli Asburgo d'Austria furono costretti dalle circostanze ad affrontare le invasioni dei turchi, che stavano mettendo in ginocchio i Balcani e avevano invaso l'Ungheria, della quale Ferdinando era l'erede; i turchi, nel giro di un decennio, avevano raggiunto le porte di Vienna (da loro assediata per la prima volta nel 1529).

Dal XVI secolo in poi, quasi tutti i membri della famiglia si ritrovarono a combattere i turchi. A Ferdinando I succedettero Massimiliano

II e Rodolfo II; quest'ultimo spostò la corte reale e il centro del potere da Vienna a Praga. A Rodolfo II succedette Mattia, che già prima che il suo predecessore morisse, lo aveva sconfitto e gli aveva tolto il potere, lasciandogli solo formalmente il titolo imperiale.

Dopo la nomina ad imperatore, Mattia tentò di togliere ai nobili boemi quei privilegi che, un decennio prima, Rodolfo II aveva loro concesso; ma la reazione fu lo scoppio della Guerra dei Trent'anni, conseguenza della defenestrazione di Praga.

Il 23 maggio 1618, alcuni nobili protestanti, capeggiati dal conte di Thurn, temendo che venisse abolita la libertà religiosa, già sancita dagli editti di Rodolfo II, inviarono una loro delegazione al castello, per chiedere precise garanzie ai rappresentanti del governo imperiale.

L'incontro degenerò subito in uno scambio di oltraggi tra le due parti, e si trasformò in rivolta, quando i due luogotenenti asburgici e il segretario furono gettati dalle finestre del palazzo

La guerra dei Trent'anni fu combattuta su più fronti e a più riprese da: Austria, Francia, Paesi Bassi, Inghilterra, Danimarca, Svezia, Polonia, e dai vari stati tedeschi cattolici e protestanti.

Così continuarono i sotterfugi, gli intrighi, i complotti ... i ceppi si mescolarono tra loro, ancora sangue misto, ma se da una parte esistevano carnefici mandanti, carnefici esecutori e avallanti che potevano avere anche diversi ruoli contemporaneamente, dall'altra ci fu sempre da solo il ceppo dell'Aria che rimase vittima e solo vittima.

Capitolo Ottavo

Per raccontare questa tragica, ma vera storia, sono stati usati quattro ceppi che fanno capo a quattro elementi, in quanto ogni cosa esistente è costituita da una composizione di aspetti od elementi, sia nel microcosmo che nel macrocosmo. Questi quattro elementi sono forme della materia creata: il fluido o Acqua; il gassoso o Aria; il solido o Terra; l'imponderabile o Fuoco. Due sono pesanti: Terra e Acqua, e due leggeri: Aria e Fuoco.

Esisterebbe poi anche un Quinto Elemento, denominato Quintessenza, che è la forza vitale più pura di tutte e, sotto certi aspetti, può essere considerata la fusione armonica dei Quattro Elementi naturali, che insieme rendono possibile l'esistenza.

Purtroppo in questa triste storia non c'è spazio per il quinto elemento, la fusione armonica non è di questo mondo, se non in modo marginale e sporadico.

Dunque da questo punto della storia, l'ho scritto prima e lo ribadisco ora, tentare di dividere carnefici, esecutori o avallanti fu, sarà ed è praticamente impossibile. Solo le vittime furono vittime e basta, le altre tre categorie si mescolarono in modo disordinato e si relegarono volontariamente a un ruolo o a vari ruoli, mantenendo la propria crudeltà.

Si diffusero, come già visto, i pregiudizi, nei confronti dei Rom e dei Sinti, a partire dal XVI secolo, per circa 250 anni, i re, i principi europei misero al bando questi popoli, per poi perseguitarli e, quando possibile, ucciderli ferocemente.

I Rom che fuggivano dall'Europa orientale e dai Balcani, finiti sotto il dominio dei turchi, giunsero in Europa occidentale, per stare molto peggio di prima.

Tutti i regnanti e i cittadini dei vari Stati assunsero il ruolo di educatori, in seguito ai vari bandi delle città, e attuarono nuove politiche basate sull'assimilazione forzata dei Rom, con l'obiettivo di trasformare gli "Zingari vagabondi" in persone "produttive, rispettabili, obbedienti e diligenti".

I sovrani illuminati misero in atto misure coercitive, per costringere i Rom a vivere in aree rurali, destrutturando la loro identità culturale, come mezzo per assimilarli nella società. E, se questo non fosse stato possibile, non sarebbe rimasta altra soluzione che ucciderli.

Il ceppo dell'Aria per gli altri non era rispettabile, perché nomade; ma non era apprezzato, anche perché ritenuto non ubbidiente e non diligente.

Dunque il problema si poteva risolvere in un unico modo: eliminandolo.

Non fu colpa dei "popoli per bene" se i Rom e i Sinti non vollero adeguarsi e, di conseguenza, non fu colpa degli altri se quelli del clan dell'Aria scelsero di morire, dopo essere stati torturati.

In questo periodo storico prese forma un vero e proprio format di ghettizzazione, basato sulla discriminazione dei Rom, obbligati ad insediarsi lontano dalle case della "gente per bene". Nacquero, quindi, quelli che diventeranno i famigerati campi Rom.

La storia ricorda, ma noi no, quasi mai, come, già dall'arrivo dei Rom, dei Sinti e di altri cugini del clan dell'Aria, in Europa occidentale, fosse possibile trovare tracce di persecuzioni, massacri, annientamenti.

Solo per citarne alcuni, prima di giungere all'olocausto, ricordiamo ancora una volta le uccisioni di Secani in Germania, nel 1417, che resero felici i clan dell'Acqua, della Terra e del Fuoco. Nel 1419, Sinti e Rom furono cacciati dalla Svizzera e, nel 1427, dalla Francia, ma prima furono derubati, bastonati e in parte uccisi.

Ma dove si nascosero, ora c'è da chiedersi, le persone per bene? Perché non li difesero?

No, le persone per bene erano già impegnate a educarli.

Forse, per la stessa ragione, oggi non lo facciamo noi, ma più tardi capiremo insieme.

In Italia, sempre a Bologna, nel 1422, Frà Bartolomeo li descrisse come "li più fini ladri che se volesse mai", a Forlì nello stesso anno Frà Girolamo parla di "gentes non multum morigerate, sed quasi brutalia animalia et furentes", a Fermo nel 1430 Antonio di Niccolò li descrive come "mala gentes."

Frati, religiosi declamavano questo razzismo già secoli fa!

Se qualcuno di voi e' stato all'estero, avrà forse fatto l'esperienza di essere catalogato come mafioso, bandito, nullafacente, confusionario. A me è capitato, nei miei primi viaggi all'estero, e non è stato per nulla piacevole. Per fortuna nessuno sapeva che il mio sangue è misto: italo-dalmata, altrimenti chissà cosa avrebbero detto!

Io sono orgoglioso del mio sangue e tutti dovrebbero poterlo essere del proprio.

Il sangue è storia, tradizione e, ancor di più, vita.

I Rom si trovarono ad essere, una volta per tutte e per sempre, ad-ditati e stigmatizzati, principalmente dagli esponenti della varie con-fessioni religiose europee, per l'usanza delle donne di leggere la mano, per le pratiche mediche e curative non cristiane e per le altre stregone-rie, cui erano usi, che avrebbero costituito una prova del loro "ca-rattere demoniaco".

Furono considerati il demonio e dovettero morire.

Alcune persone furono bruciate vive, arse tra le urla, solo per aver letto le carte!

È mai possibile credere che un popolo nomade, come quello del clan dell'Aria, un insieme di genti Rom, Sinti e quanto altro, abbia avuto, per oltre mille anni, come componenti solo persone dedite al crimine?!

No, non lo credo. A dire il vero non solo non lo credo, ma sono convinto che quelli dediti al crimine siano stati solo una piccola mino-ranza, come accade esattamente per tutti gli altri popoli.

Tuttavia è doveroso approfondire.

Prendiamo dunque la caratteristica predominante di un popolo (se mai esiste e per me non esiste!) e ragioniamo per luogo comune: dicia-mo che gli Italiani, tutti gli Italiani sono dei bravi cantanti.

Dunque io, essendo italiano, dovrei essere intonato, ma non lo sono affatto, Ah, certo! Ma io sono di sangue misto…sono mezzo Dalmata.

Allora gli altri sessanta milioni di italiani sono bravi cantanti?! No, non lo sono. Molti sono bravi cantanti; sì, ma quanti?

Tanti, forse diversi, forse solo alcuni…

Bisognerebbe fare una verifica, prendendo in considerazione solo gli Italiani da cento generazioni. Peccato, però, che cento generazioni fa l'Italia neanche esistesse!

Allora,si deve sapere che tra i Rom esistette una percentuale di persone dedita al crimine, come esiste ancora oggi, ma in numero non superiore a quella di altri popoli.

Torniamo ora a considerare il periodo storico in cui cominciarono ad essere promulgati molti editti e bandi, che consentivano la ghettizzazione dei Rom, i quali, in alcuni casi, potevano addirittura essere eliminati fisicamente.

Ora, se ci riuscite, provate ad immedesimarvi nella seguente situazione:

Vi sentite o siete di Bolzano?! Immaginate una legge che stabilisca: "Qualsiasi persona di Bolzano potrà essere derubata, torturata, umiliata, violentata ed anche uccisa." Una cosa mostruosa!

Vi sentite o siete genovesi?! Immaginate una legge che stabilisca: "Qualsiasi persona di Genova può essere derubata, torturata, umiliata, violentata ed anche uccisa." Una cosa mostruosa!

E così se riguardasse i romani o i baresi o… potrei andare avanti all'infinito, ma non cambierebbe nulla.

Gli editti furono una vergogna indicibile: neppure la giustizia divina potrà mai cancellare quanto commesso contro i popoli nomadi, che abbiamo identificato come clan dell'Aria. Essi giunsero alle soglie dell'ottocento affaticati, derubati, violentati, abusati, torturati e infine anche uccisi. Se la vita fosse una gara, ma non lo è, se i secoli fossero una sfida, ma non lo sono, come sarebbero partiti i concorrenti?

Facciamo dunque finta che il 1800 e il 1900 siano un percorso di duecento anni per arrivare al duemila.

Alla partenza troviamo il primo concorrente, la squadra dell'Aria, percosso, maltrattato, bastonato... alcuni dei suoi campioni migliori uccisi senza motivo.

Come partirà questa squadra?

Ecco gli altri concorrenti: la squadra dell'Acqua e della Terra, i già denominati carnefici mandanti e carnefici esecutori; si presentano cattivi, agguerriti, fortificati da quanto sottratto, anche come beni materiali, alle altre squadre.

Sono i concorrenti più quotati: potranno giungere al traguardo più facilmente degli altri.

E così anche il clan del Fuoco, che ha messo da parte molte ricchezze e ha sulla coscienza pochi rimorsi, perché, in realtà, è senza coscienza.

Scommettiamo che, partendo così, tra duecento anni il clan dell'Aria sarà ancora in difficoltà?!

Scommettiamo che gli altri tre clan prepareranno trappole e faranno lo sgambetto al concorrente più debole?

Prima di parlare di questi due secoli, è necessario ricordare ancora cosa accadde al clan dell'Aria per colpa degli altri tre clan, ormai coalizzati contro il nemico debole, l'avversario da utilizzare come parafulmine. Con il diffondersi dei pregiudizi nei confronti dei nomadi, comincia a mutare anche il carattere delle donazioni pubbliche: nel 1439, a Siegburg, viene fatta una donazione pubblica affinché i Rom se ne vadano dalla città, la stessa cosa avviene, nel 1463, a Bamberga e, nel 1465, a Carpentras.

A Bruges si faranno addirittura due donazioni: una, nel 1445, per allontanare i nomadi dalla città, l'altra, nel 1451, affinché non entrino in città. "Tieni dunque due monete, ma vattene per sempre".

La consuetudine di pagare i Rom, per allontanarli, è di grande rilevanza per le conseguenze nella storia di queste popolazioni in Europa, nei secoli a venire. L'Italia è una delle terre dove questa pratica venne subito istituzionalizzata ed ebbe vita più lunga: è attestata in Piemonte nel 1499, nel Trentino nel Seicento ed ancora in Toscana agli inizi dell'Ottocento.

Anche nel 1800 e nel 1900, si pensò di risolvere il problema dei Rom pagandoli, tra l'altro davvero poco, perché se ne andassero, mentre altri continuarono a uccidere le persone di questa etnia.

Dunque immaginatevi affamati, deboli, nudi, infreddoliti, con figli a carico... qualcuno vi offre due monete per andare via ...voi vi offendete? No, grazie proprio non posso!

Le prendete eccome e, se possibile, andate a comprare del pane.

Ma torniamo al 1471, quando, in Svizzera, l'assemblea di Lucerna decreta l'espulsione degli "Zingari" dalla Confederazione; si tratta del primo bando conosciuto in Europa.

In Germania un editto diede ordine ai Rom di lasciare il territorio dell'impero entro il 1501, dopodiché qualsiasi cittadino avrebbe potuto ucciderli senza incorrere in sanzioni.

Ecco, lo ripeto: avrebbe potuto ucciderli senza incorrere in sanzioni!

Ci rendiamo conto a quali conseguenze mostruose abbia potuto portare una cosa del genere?

Sempre in Germania, sconvolta tra il 1524 ed il 1526 dalla guerra dei contadini, i luterani convinsero le autorità che dovevano fare qualcosa contro i nomadi; ne seguì che i governanti dell'Europa del XVI secolo, che avevano abbracciato la nuova fede, ritennero che i Rom non potevano essere tollerati.

I Rom non potevano essere tollerati!

Questo è razzismo e basta.

In Francia furono promulgati bandi per i gitani da Luigi XII (1504), Francesco I (1539) e Carlo IX (1561), ma è nel XVII secolo, precisamente nel 1666, con Luigi XIV, che la repressione si fece più rigorosa, con un decreto che stabilì che «...tutti i gitani maschi devono essere arrestati e messi nelle galere senza processo».

Senza processo!!!

Ma come avrebbero provveduto alle loro famiglie?

Come mai avrebbero potuto costruire qualcosa di solido in cui credere, con queste restrizioni?

Essere arrestati e messi nelle galere senza processo? Unica, ma mostruosa colpa essere un Rom o un Sinti?

Dunque, tornando a riflessioni precedenti, se sei nato a Bari la devi vivere come una colpa?! Se sei nato a Bolzano la devi vivere come una colpa?!

Se sei nato a Roma devi essere arrestato senza processo, perché tua madre ti ha partorito in quella città?!

Ci furono tanti, ma così tanti soprusi, che dovremmo scrivere migliaia di pagine.

Nel 1682, Re Sole, intensificò le pene per i gitani, con decidendo: «...il carcere a vita per i maschi adulti, le donne devono essere rasate a zero ed i bambini messi negli orfanotrofi».

Carcere a vita, perché sei appartenente ad un razza?

Una follia!

La cosa tremenda è che oggi almeno la maggior parte di noi non si rende conto di avere atteggiamenti razzisti,. Quasi tutti siamo razzisti e addirittura qualcuno è fiero di esserlo.

Ancora più tremendo è che non vi possa essere una giustizia unica, e quindi davvero una giustizia, ma invece molte giustizie diverse, a seconda dell'interesse da sostenere.

Che brava persona Re Sole che si sprecò, che si sforzò di trovare altre soluzioni, sottoponendo a tortura coloro che "non rinunciano al vagabondaggio"!

Il Re Sole che aveva il tempo di trovare queste brillanti soluzioni, tra un'orgia e un'ubriacatura.

Non fu affatto considerata la condizione di molti Rom, che vivevano, invece, di attività lavorative, come i fabbri, gli arrotini, i braccianti, gli allevatori, i circensi e altri.

Se mai l'essere nomade avesse rappresentato una colpa, cosa non vera, non si era tenuto conto, però, del fatto che non tutti i Rom erano nomadi. Ma per le autorità faceva lo stesso: erano Rom e, quindi, dovevano essere torturati.

Dunque, se un Rom viveva da cinquant'anni a Parigi, nato a Parigi da genitori Rom, ed esercitava nella stessa bottega il mestiere di fabbro da trentacinque anni … doveva essere torturato?! E per cosa?!

Che domanda… doveva essere torturato in quanto Rom! Risposta facile!

In Spagna, dove con l'editto reale di Ferdinando il cattolico (per fortuna che era cattolico!), del 1492, furono espulsi centinaia di migliaia di ebrei e musulmani cristianizzati, con l'imperatore Carlo V fu avviata una politica contro i Gitanos, che prevedeva la loro estinzione o la loro completa assimilizzazione.

Questo non è ben chiaro: a morte ebrei e mussulmani, mentre i nomadi dovevano essere assimilati?! In che senso? In che modo?

Tranquilli! Anni dopo ci fu un chiarimento: nel 1539 fu ordinato che i nomadi venissero messi a morte oppure che venissero condotti nelle galere. Ah… ora e' chiaro!

Nel 1619 Filippo II ordinò che gli Egipcianos lasciassero il paese, proibendo loro di tornare, pena la morte; allo stesso tempo però veniva permesso loro di restare se avessero rinunciato al loro stile di vita. Inoltre ai Rom venne proibito di parlare la propria lingua, di vivere in piccoli gruppi, di vestire differentemente dagli spagnoli. La violazione di queste norme comportava una pena di sei anni di prigione, frustate oppure il bando.

Non c'è tra di noi qualcuno che utilizza una parola diversa dall'italiano? Una in inglese tipo week – end?! Oppure una in dialetto? Non c'è tra noi qualcuno che ha l'orecchino? Qualcuno che si veste in modo colorato?

Eh allora… mi spiace… sei anni di prigione!

Con il re Filippo IV, nel 1633, e successivamente con Carlo II, le restrizioni non diminuirono e ne furono aggiunte altre: i Gitanos non potevano vivere in città con meno di 200 abitanti, non potevano costruire oppure stabilirsi in propri barrios (quartieri), non potevano parlare il Romanì.

In molti casi i bambini furono separati dai genitori ed inviati negli orfanotrofi.

Dovete entrare nel personaggio, ve ne prego... è troppo importante! Vi prego in ginocchio... davvero... fatelo per i bambini, almeno!

Immaginate di essere un bambino che viene strappato ai genitori, perché appartenenti ad una razza, etnia, ritenuta inferiore.

Filippo V confermò le leggi dei suoi predecessori e fissò 41 città, dove i Gitanos erano ammessi a vivere. Il suo successore Ferdinando VI ridusse poi a 34 il numero di queste città. Potremmo dire che già si trattò di una politica che apriva ai ghetti.

Le politiche di assimilazione degli spagnoli, tuttavia, trovarono spesso l'ostinata resistenza dei Gitanos, fino al punto in cui Ferdinando VI, su richiesta del vescovo di Oviedo, il 20 luglio del 1749, decretò di arrestare tutti i Rom di Spagna, per essere inviati ai lavori forzati nelle miniere, nei cantieri e nei campi.

In quella stessa giornata, fu stimato che fu ucciso un numero compreso tra i 9.000 ed i 12.000 Rom, ma in realtà furono molti, ma molti di più.

Non crediate, ve ne prego ancora, che quelli portati nelle miniere furono accolti con panini al prosciutto crudo ed aranciata fresca.

Morirono dopo aver portato profitti ad altri appartenenti al clan dell'Acqua, della Terra e del Fuoco. Ma i loro aguzzini, al momento di rendere l'anima a Dio, che scusa avranno trovato per aver chiuso gli occhi?

Il Portogallo fu il primo paese europeo ad ideare la deportazione forzata dei Ciganos, che non erano nati in quel paese e non potevano semplicemente essere espulsi. Giovanni III, nel 1538, decretò la deportazione dei Rom in Africa e nell'America del sud. A partire dal 1574, in seguito alla forte immigrazione dei Rom, che fuggivano dalle persecuzioni spagnole, i Ciganos vennero deportati sistematicamente in Brasile, a Capoverde e in Angola e condannati ai lavori forzati.

Lavori forzati che immancabilmente mietevano vittime e immancabilmente portavano beneficio agli altri clan. Soldi, sempre soldi.

Se davvero vi siete immedesimati, come prima vi ho chiesto, ora, come minimo, dovrete avere un forte senso di nausea.

Ancora... in Inghilterra nel 1530, con Enrico VIII ... brava persona, furono ordinati l'espulsione ed il divieto d'ingresso dei Rom. Ogni capitano di vascello, che avesse contravvenuto a questi ordini, sarebbe stato severamente punito, ed ogni Rom, entrato illegalmente, avrebbe subito la condanna all'impiccagione.

Dovete anche pensare che un Rom, proveniente da un altro posto, da un'altra nazione, arrivava nel nuovo stato senza conoscerne le regole, e che veniva, quindi, impiccato senza sapere il perché, senza poterlo chiedere, perché non padrone della lingua.

Eh... ma la legge non prevede l'ignoranza!

Con Edoardo VI, altra brava persona, fu introdotta una nuova legge, nel 1547, che stabiliva la schiavitù fino a due anni per i Rom, i quali, se catturati dopo una eventuale fuga, venivano condannati alla schiavitù a vita.

A vita!

Una ragazza Rom, schiava, bellissima, violentata ogni giorno, non è normale che provasse a scappare?

Ma quali conseguenze per lei se riacciuffata! Schiava a vita e... violenza, botte.

Non avrebbe dovuto, però, preoccuparsi, perché la sua vita sarebbe stata breve; quando la bellezza fosse sfiorita, per via di qualche anno in più e per le sevizie subite, sarebbe stata uccisa con un pretesto.

Visto?! Tutto a posto.

Durante il regno di Maria Tudor (1553-1558), le pene, in violazione delle leggi del 1530, vennero inasprite.I Rom, entrati illegalmente in Inghilterra, ricevevano un ordine di espulsione entro quaranta giorni, ed in caso di rifiuto di lasciare il paese, venivano considerati traditori e potevano essere condannati alla "perdita della vita, della terra e dei beni".

Questo è un aspetto che spesso è stato dimenticato: perdita della terra e dei beni!

Dunque c'erano Rom non nomadi, che avevano la terra, la coltivavano, che avevano messo da parte delle ricchezze, che magari erano onesti contadini oppure commercianti.

Allora perché dovevano essere condannati a morte o puniti? Siamo ai soliti interessi economici?

Possibile? No, le persone per bene non farebbe mai delle cose del genere!

Nel corso del tempo, con la diminuzione dei Rom in ingresso e l'aumento dei Gypsies per nascita sul suolo d'Inghilterra, fu varata una legge:" Act for further punishment of vagabonds".

Tale legge stabiliva che i Rom nati in Inghilterra e in Galles non sarebbero stati espulsi se avessero abbandonato i loro "idoli" e ed il loro stile di vita "non cristiano". Tutti gli altri sarebbero stati condannati alla perdita dei beni oppure messi a morte. In seguito gli inglesi alleviarono le pene con l'esilio forzato in America.

Altre persecuzioni analoghe avvennero nell'Impero degli Asburgo, nei Paesi Bassi, in Svizzera ed in altri paesi europei.

Lo sapevate di queste persecuzioni? Qualcuno dei vostri nonni, bisnonni, ha vissuto qualcosa del genere?

Vi prego, ancora con la massima sincerità e umiltà, di ragionare sulla portata che ebbe questo schifoso razzismo.

In Austria, il fallimento dei tentativi di allontanare permanentemente i Rom dai domini dei sovrani portò, nella seconda metà del settecento, all'individuazione di metodologie alternative, per risolvere il "problema degli Zingari". Si decise, infatti, l'assimilazione forzata, come misura alternativa all'espulsione.

Le misure coercitive e restrittive adottate dovevano portare i Rom a rinunciare al loro stile di vita nomade, nel tentativo di trasformare parti della popolazione "improduttiva" in "persone obbedienti, rispettabili e diligenti". I Rom, di conseguenza, non erano esclusi dal rafforzamento delle aspirazioni dei governi centralizzati di esercitare il controllo sui cittadini. La coercizione a farli insediare e vivere nelle aree rurali, oppure a far loro apprendere altri mestieri urbani, secondo l'idea che avrebbero accettato facilmente a rinunciare alla loro cultura, avrebbe così dovuto portare ad una loro integrazione effettiva nel sistema economico, facendoli diventare dei "buoni cristiani". Ed anche ubbidienti.

L'assunto fondamentale di queste politiche illuministe era basato sulla concezione che la cultura dei Rom fosse "inferiore", e ancora oggi alcune persone la pensano così. Tale principio sostenne la necessità, in moltissimi casi, di togliere i bambini alle loro famiglie, per educarli secondo valori cristiani e civili.

Questo fu un passaggio essenziale per le persecuzioni: si pensò che la cultura dei Rom fosse inferiore?

Dunque aveva ragione lo zio Bürk a sentirsi superiore? Dunque esistono razze o etnie di serie A e di serie B?

C'è molto da dire, molto che andrebbe ulteriormente ricordato…

Una politica inaugurata in Spagna, nel 1600, e poi portata avanti da Maria Teresa d'Austria, nell'Impero austro-ungarico, madre patria del ceppo della Terra, influenzando altri sovrani europei nei decenni a seguire, volle punire una razza, la razza Rom.

Tra il 1758 ed il 1780, furono emessi quattro decreti. Nel primo provvedimento del 1758 si obbligavano gli "Zigani" a sedentarizzarsi, impedendo loro di possedere cavalli o carri. Furono assegnati loro delle terre e dei semi (questa cosa almeno fu positiva), furono resi passibili di pagare tasse sui loro raccolti (come gli altri contadini del regno), furono obbligati ad abitare nelle case e, in caso intendessero lasciare i villaggi, avrebbero dovuto chiederne l'autorizzazione.

I giovani Rom dovevano imparare il mestiere del commercio, inoltre furono obbligati alla leva militare all'età di 16 anni, se abili al servizio militare.

Non potevano possedere cavalli?

Il successivo decreto del 1761 abolì il termine "Zigani" rimpiazzandolo con i termini di: "Nuovi Cittadini", "Nuovi Contadini", "Neocoloni".

Mi avete chiamato voi Zigano per trecento anni e poi decidete l'abolizione del termine?!

Perché trovare un nuovo nome tanto diverso per loro? Forse Zigani non era dei migliori, ma il nuovo appellativo era un modo per nobilitarli oppure per disprezzarli? Non è chiaro.

In realtà sarebbe giusto chiedersi perché avrebbero dovuto essere chiamati in modo diverso dagli altri connazionali, se ormai ritenuti identici a loro.

E perchè servire un Paese, sottoponendosi alla leva militare, senza che quel Paese li considerasse davvero suoi appartenenti?!

Poi tra le varie tragedie, ecco un'idea davvero atroce: con il provvedimento del 1773 furono proibiti i matrimoni tra Rom, per incoraggiare i matrimoni misti.

Devo tornare agli esempi di prima:" Siete di Livorno? Non potete sposarvi con la vostra bella livornese... mi spiace."

Siete di Palermo?! Mi spiace vostra moglie non potrà essere di Palermo...

Per potersi sposare, i Rom avevano bisogno di un attestato che certificasse "il giusto stile di vita e la conoscenza della dottrina cattolica". Il decreto inoltre stabilì che i bambini degli "Zigani", che non si adattavano alle leggi, che avevano compiuto i cinque anni, dovevano essere tolti alle loro famiglie ed affidati ad altri. I bambini dovevano crescere isolati dai loro genitori, andare a scuola e imparare a diventare commercianti o contadini.

Se qualcuno di voi ravvede oggi una differenza tra Rom e altre etnie ha mai pensato al loro passato?!

Si è mai documentato prima di parlare, prima di giudicare?!

Piu' avanti avremo modo di vedere quali sono le differenze, se esistono.

Giuseppe II continuò la politica di assimilazione forzata di Maria Teresa, introducendo, nel 1783, un atto, il "De Domiciliatione et Regulatione Zingarorum", nel quale veniva imposto ai Rom di adottare gli usi ed i costumi dei villaggi, dove erano stati obbligati a vivere, con la previsione di severe punizioni se fossero contravvenuti alle restrizioni. L'uso della lingua romanì veniva punito con 24 frustate.

Di queste cose si è già parlato, ma le dobbiamo rimarcare: vi è scappata oggi una parola in dialetto? Peggio per voi! Passate alla cassa per le frustate!

Le politiche coercitive inaugurate da Maria Teresa d'Austria ebbero successo solo in Burgenland, dove un gran numero di Rom fu "assimilato", con la conseguente scomparsa della lingua romanì e dei cognomi originari.

Qui si potrebbe aprire un altro importante capitolo, che verrebbe contestato da molti storici, ma si potrebbe azzardare un'ipotesi e affrontare il più atroce dei capitoli: lo sterminio nazista, che la storia dovrebbe ricordare, soprattutto scusandosi e valutando un risarcimento.

Capitolo Nono

Perché sono partito dalla scomparsa dei cognomi in Austria, per parlare dello sterminio nazista?

Il cognome Hitler, anche nelle altre forme simili tipo Hiedler, Hüttler, o Huettler deriverebbe da hütte cioè capanna, oppure da hüten, guardia oppure anche pastore.

In alternativa, potrebbe non avere una origine germanica ma slava, assai probabilmente ceca, dal cognome "Hidlar" e "Hidlarček"... oppure?

Non lo dico io, non sono uno storico così bravo, ma il cognome della nonna paterna di Hitler, Maria Anna Schicklgruber, che poi significherebbe tagliatore di siepi, è stato ipotizzato fosse di origine ebraica.

Quindi, Hitler, da parte paterna, era forse ebreo.

Ma suo padre era austriaco?

Era biondo come i piùclassici austriaci?

E se fosse appartenuto ad una di quelle famiglie che Maria Teresa d'Austria aveva obbligato ad integrarsi?

Dunque il feroce dittatore potrebbe essere di origini ebraiche, ma anche Rom?

Nessun potrà con certezza smentire o meno questa ipotesi, azzardata, ma sempre plausibile. Tuttavia immaginate Adolf Hitler senza baffi, con i capelli lunghi, che peraltro dalle foto sembravano molto lisci... abiti colorati... vi ricorda qualcuno mentre magari tenta, con un gioco di magia, di far sparire un agnello?!

Questo aspetto non migliorerebbe, anzi peggiorerebbe le cose! Dopo tanti chilometri e tanti anni, siamo giunti all'olocausto, lo sterminio che riguardò di sicuro prevalentemente gli ebrei, ma non solo loro, in quanto coinvolse tante altre categorie: i più deboli, gli omosessuali e gli Zingari.

Sì, gli Zingari.

Dunque, per descrivere l'olocausto ci tocca tornare ai quattro ceppi originari: il primo, quello della Terra, esecutore mandante, dal quale potrebbe discendere Adolf Hitler, i cui avi furono, quindi, quei tre cattivi, feroci spietati gemelli, che trucidarono, a fianco del più famoso Attila, migliaia di nemici, ma anche semplici persone incontrate per caso o per sbaglio.

Adolf Hitler ebbe dunque sangue Unno? Non si sa, ma certamente misto!

Questo non e' importante per la storia che stiamo seguendo, perché a noi interessa sapere che Adolf Hitler fu il massimo esponente del ceppo della Terra.

Hitler fece leva sull'approvazione di molti Tedeschi, che, pur non essendo nazisti, avevano però pregiudizi sociali nei confronti dei Rom; il regime dichiarò questi ultimi "una razza inferiore".

Dunque erano tutti inferiori?

Il destino dei Rom fu molto simile, per alcuni aspetti, a quello degli Ebrei. Durante il regime nazista, le autorità tedesche sottoposero i Rom all'internamento, al lavoro forzato, e, infine, allo sterminio. Le autorità tedesche, inoltre, assassinarono decine di migliaia di Rom nei territori che l'esercito aveva occupato in Unione Sovietica e in Serbia, insieme ad altre migliaia nei centri di sterminio di Auschwitz-Birkenau, Chelmo, Belzec, Sobibor, eTreblinka.

Le SS e le forze di polizia deportarono i Rom nei campi di concentramento di Bergen-Belsen, Sachsenhausen, Buchenwald, Dachau, Mauthausen, e Ravensbruck.

Infine, ma forse non avrà mai fine, sia nella cosiddetta grande Germania che nel governatorato generale, le autorità civili tedesche rinchiusero molti Zingari nei campi che erano stati creati per il lavoro forzato.

Lo scrivo e lo ripeterò dopo: la storia, quella vera che ricorda, parla di cinquecentomila morti, ma furono di più, molti di più.

Perché sotto i bombardamenti nelle varie nazioni morirono tante persone di tutte le età appartenenti ai Rom e ai Sinti, al ceppo dell'Aria, ma non erano censiti e nessuno volle o si interessò di dare la memoria di una tomba a quelle povere persone.

Ora non venite a dire che la colpa fu solo di un dittatore nazista... uno solo?

Come fu possibile che un uomo solo, come Adolf Hither, che fosse austriaco oppure ungherese oppure Rom, avesse tutta la responsabilità per una carneficina di tali proporzioni? Naturalmente qui stiamo descrivendo la grande tragedia del popolo Rom, senza però voler dimenticare quella degli Ebrei ... stiamo solo ricostruendo un'altra storia.

Dunque una persona, mi spiace, ma forse non la dovrei neppure chiamare così, del ceppo della Terra decide, e non sappiamo ancora perché, che devono essere uccisi tutti quelli da lui ritenuti inferiori...

Sì, è vero fu un carnefice mandante... sufficiente per meditare e progettare la più grande carneficina mai ideata, ma per metterla in pratica fu necessario avere al suo seguito tanti carnefici esecutori del clan dell'Acqua, ma soprattutto milioni e milioni di avallanti del clan del Fuoco.

Ricordate Giulio? Giulio fu unico, ma in tanti anni gli avallanti diventarono milioni e milioni. No, non furono tutti suoi discendenti, ma ne abbracciarono le idee malsane.

Non possiamo credere che nessuno seppe nulla di questo sterminio...

Fu il 21 settembre 1939 che Reinhard Heydrich, capo dell'ufficio centrale di sicurezza del Reich, incontrò a Berlino alcuni funzionari della polizia di sicurezza e dei servizi di sicurezza.

Con la vittoria della Germania in Polonia ormai certa, egli intendeva deportare 30.000 Rom tedeschi e austriaci dai territori della grande Germania al governatorato generale. Da deportare, ma... certo, infine, da uccidere.

Le autorità tedesche deportarono Zingari dalla Grande Germania alla Polonia nel 1940 e 1941.

Nel maggio del 1940, le SS e la polizia deportarono nel distretto di

Lublino, che si trovava all'interno del governatorato generale, Rom e Sinti provenienti per la maggior parte da Amburgo e da Brema, e li rinchiusero nei campi di lavoro.

Quell'Amburgo che fu la città dei nipoti di Bürk!

Eh,sì! Perché le SS furono, come tanti altri soldati tedeschi, un crogiuolo di appartenenti al clan dell'Acqua.

Le condizioni nelle quali i prigionieri furono costretti a vivere, si fa per dire, e lavorare, si dimostrarono letali per molti di loro

Il destino di quelli che sopravvissero è ancora un mistero di carta velina... le SS li trucidarono nelle camere a gas di Belzec, Sobibor, o Treblinka. Nell'autunno del 1941, le autorità di polizia tedesche deportarono altre migliaia di Sinti e Zingari Lalleri dall'Austria, magari erano inconsapevoli parenti di Adolf Hitler, al ghetto ebraico di Lodz, dove furono rinchiusi in un settore apposito, separato dal resto del ghetto. Quasi metà dei Rom morì, durante i primi mesi successivi all'arrivo, a causa della mancanza di cibo, delle abitazioni inadeguate e della scarsità sia di materiale per riscaldarsi sia di medicine.

Dunque il dittatore potrebbe aver fatto uccidere persone con il suo stesso sangue... cosa che non aggraverebbe una cosa già così tremenda, ma sarebbe certamente curiosa.

Durante i primi mesi del 1942, le SS tedesche e i funzionari di polizia deportarono, nel campo di sterminio di Chelmo, tutti coloro che erano riusciti a sopravvivere alle terribili condizioni del ghetto. Lì, insieme a decine di migliaia di Ebrei – anch'essi provenienti dal ghetto di Lodz – i Rom furono mandati a morire nelle camere a gas, avvelenati con il monossido di carbonio.

D'accordo, ma perché? Urlatelo davanti a Dio: perché?

I tedeschi, non contenti, rinchiusero ancora altri i Rom in cosiddetti campi zingari, Zigeunerlager, situati nella cosiddetta grande Germania, o Reich, con l'intento di deportarli in un secondo tempo. Quando le deportazioni dei Rom vennero interrotte, nel 1940, quelle strutture diventarono aree di prigionia a termine indefinito.

Marzhan, a Berlino, insieme a Lackenbach e Salzburg, in Austria, furono tra i peggiori campi di quel tipo e centinaia o migliaia di Rom morirono a causa delle orrende condizioni di vita.

Viene da vomitare a pensare che i cittadini tedeschi, che risiedevano nelle vicinanze di quei campi, si lamentavano spesso, chiedendo che i Rom fossero deportati per "salvaguardare" la morale, la sicurezza e la salute pubblica.

Dunque sapevano? ... Gli avallanti seppero sempre e si lamentarono pure.

Così le polizie locali usarono quelle lamentele, per fare appello al comandante delle SS, Heinrich Himmler, affinché ripristinasse le deportazioni dei Rom a Est.

Eh sì, perbacco! Li vogliamo togliere di mezzo che ci disturbano? Basta con quei Rom lì vicino alle nostre case... deportateli, uccideteli, ma toglieteli di qui. Il ceppo dell'Aria dovette subire l'inferno.

Nel dicembre del 1942, Himmler ordinò la deportazione di tutti i Rom che ancora vivevano in Germania.

Alcune eccezioni erano previste per certe categorie, come ad esempio coloro che avevano "puro sangue zingaro" da generazioni, o persone di discendenza zingara, che si erano, però, integrate nella società tedesca e quindi non si comportavano come gli altri Zingari, o altri ancora (con le loro famiglie) che si erano distinti nell'esercito tedesco.

Certo bisognerebbe ricordare che qualcuno, prima, aveva cercato di eliminare la razza "pura" con matrimoni misti ... ma tanto non contò nulla neppure questo.

Migliaia di persone sarebbero rientrate in quelle categorie esenti dalle deportazioni, ma le autorità locali spesso non si preoccuparono di quelle distinzioni, durante i rastrellamenti, al punto che, in alcuni casi, le autorità della polizia deportarono persino Rom arruolati, in quel momento, nell'esercito tedesco, mentre si trovavano in licenza... tanto a chi sarebbe interessato?

Milioni e milioni di avallanti del ceppo del Fuoco permisero tale scempio di vite; il ceppo dell'Acqua eseguì la condanna emessa dal clan della Terra.

Per la maggior parte, la polizia tedesca deportò i Rom ad Auschwitz-Birkenau, dove le autorità del campo li confinarono in un settore apposito chiamato: "Il campo delle famiglie zingare". Circa 23.000 tra Rom, Sinti e Lalleri furono deportati ad Auschwitz. Intere famiglie vivevano ammassate nel settore destinato agli Zingari.

Qualcuno, se è riuscito a non vomitare, lo potrà fare ora: i medici assegnati al complesso di Auschwitz, come il Capitano delle SS Dr. Josef Mengele, ricevettero l'autorizzazione a selezionare soggetti umani tra i prigionieri di Auschwitz, per i loro esperimenti pseudoscientifici... se non credete in Dio, ora dovrete credere nell'inferno.

Mengele, in particolare, per i suoi test, selezionò gemelli e nani, alcuni provenienti dalle famiglie zingare del campo. Circa 35.000 Zingari, adulti e adolescenti, erano rinchiusi in altri campi di concentramento tedeschi: i medici selezionarono i soggetti, per le loro ricerche, anche tra i Rom dei campi di Ravensbruck, Natzweiler-Struthof, eSachsenhausen. Gli esperimenti avvenivano o nei campi stessi o in istituti situati poco lontano.

Esperimenti agghiaccianti, il demonio in persona entrò nella testa di questi medici, e per le povere vittime, del ceppo dell'Aria, non ci fu scampo.

Le condizioni di vita, nel settore occupato dagli Zingari ad Auschwitz-Birkenau, contribuirono al diffondersi delle epidemie di tifo, vaiolo e dissenteria, che decimarono la popolazione del campo. Alla fine di marzo, le SS uccisero nelle camere a gas circa 1.700 Rom, giunti pochi giorni prima dalla regione di Bialystock.

Ma santo cielo! Dove si nascosero le persone per bene, quando dei medici torturarono dei bambini Rom?!

Avvallanti, tutti avallanti e, quindi, del ceppo del Fuoco. Le SS, carnefici esecutori del clan dell'Acqua, e Adolf Hitler, del clan della Terra, come mandante.

Immaginate gli occhi dei bambini... avete figli? Immaginate i vostri figli in quei campi a morire di fame, malattie, torture, per una maledizione, che, ancora oggi, se non interveniamo, non avrà fine.

Vi chiedo: Perché? Con che coraggio avete la forza di parlare male dei Rom, di pensare male di una etnia che, per duemila anni, ha dovuto subire tutte le cattiverie dell'inferno?!

Nel maggio del 1944, gli amministratori del campo decisero di trucidare tutti gli Zingari. Le guardie delle SS circondarono il settore, nel quale vivevano i Rom, per impedire a chiunque di fuggire. Quando fu loro ordinato di uscire, i Rom si rifiutarono, perché erano stati avvertiti delle intenzioni dei tedeschi e si erano armati di tubi di ferro, vanghe e altri attrezzi, usati normalmente per il lavoro.

I capi delle SS decisero di evitare lo scontro diretto con i Rom e si ritirarono. Dopo aver trasferito 3.000 Rom, ancora in grado di lavorare, ad Auschwitz e in altri campi di concentramento in Germania, tra la fine della primavera e l'inizio dell'estate 1944, il 2 agosto le SS deportarono le rimanenti 2.898 vittime.

La maggior parte di quei prigionieri era costituita da malati, anziani, donne e bambini. Furono uccisi praticamente tutti nelle camere a gas di Birkenau. Un piccolo gruppo di ragazzini, che era riuscito a nascondersi, durante le operazioni di trasferimento, fu catturato e ucciso nei giorni successivi.

Vi rinnovo la domanda: Avete figli? Potete credere che si arrivi a tanto?

Almeno 19.000 dei 23.000 Rom, che furono inviati ad Auschwitz, morirono nel campo.

Dunque, il ceppo dell'Aria partì dalla lontana India e intraprese un lungo viaggio, per morire nei campi di concentramento? Centinaia di anni di ingiustizie, per poi vedere i propri figli uccisi da un altro ceppo, quello dell'Acqua, senza motivo e dopo aver subito già di tutto?!

Qualunque sia la vostra fede, sareste giustificati a pensare che Dio avrebbe potuto fare qualcosa … fu una tragedia davvero inimmaginabile.

Non ci riesco: penso al peggio del peggio… ma fu ancora molto peggio.

Nei paesi d'Europa, occupati da quei signori, il destino dei Rom fu diverso da nazione a nazione, a seconda delle circostanze.

Le autorità tedesche prima internavano i Rom e poi li trasferivano o in Germania, ai lavori forzati, o in Polonia, dove venivano o uccisi oppure, anche qui, costretti a lavorare, ma in condizioni così disperate, che poi comunque morivano.

Diversamente da ciò che le politiche tedesche prevedevano per gli Ebrei tedeschi e austriaci—e cioè che le persone cosiddette di sangue misto fossero esentate dalle deportazioni (ma non dal lavoro forzato)—nel caso dei Rom le SS e la polizia, dopo molte titubanze e confusione, decisero che gli Zingari di sangue puro erano innocui, mentre coloro il cui sangue era misto erano pericolosi (indipendentemente dalla loro percentuale di sangue zingaro) e quindi potevano essere deportati.

Sangue misto pericoloso?

Non c'è uno solo uomo sull'intero pianeta che possa affermare di avere il sangue puro... o meglio puro come razza. Il sangue puro e' forse quello che non ha malattia, che è sano... ma nulla di più.

Si affermò, invece, che coloro il cui sangue era misto, fossero pericolosi; in sintesi, tutta la popolazione mondiale sarebbe stata pericolosa, ma fece comodo pensarla così.

Le unità dell'esercito tedesco e delle SS fucilarono almeno altri 30.000 Rom negli Stati Baltici e in altre zone dell'Unione Sovietica, che erano stati occupati dai tedeschi. Qui, appunto, gli Einsatzgruppen e altre cosiddette unità mobili di sterminio uccisero, insieme agli Ebrei e ai comunisti, anche i Rom. Anche nella Serbia occupata, le autorità tedesche uccisero gli uomini Rom, in operazioni di fucilazione di massa, durante tutto il 1941 e i primi mesi del 1942. Successivamente, nel 1942, essi trucidarono anche le donne e i bambini (pensate ancora ai vostri figli!), caricandoli su furgoni in cui veniva poi immesso il gas. Il numero reale di Rom uccisi in Serbia non si conoscerà mai, tuttavia furono tanti, troppi.

Gli avallanti del ceppo del Fuoco stettero a guardare anche nella Francia di Vichy, dove, dopo l'insediamento del governo collaborazionista, avvenuto nel 1940, le autorità intensificarono sia semplici misure restrittive sia una vera e propria persecuzione nei confronti degli Zingari.

Nel 1941- 1942, la polizia francese internò almeno tremila, ma forse addirittura seimila Rom, provenienti sia dalla Francia occupata che da quella libera.

Ma santo cielo cosa mai fecero i Rom, del soave ceppo dell'Aria, per meritare tutto questo?

Non dimentichiamo la Romania, altra nazione alleata della Germania. Le autorità non procedettero all'eliminazione sistematica dei Rom, che vivevano all'interno del paese; tuttavia, nel 1941 e nel 1942, l'esercito e la polizia deportarono in Transnistria, una regione dell'Ucraina sud-occidentale, amministrata dalla Romania, circa 26.000 Zingari, provenienti principalmente dalla Bukovina e dalla Bessarabia, ma anche dalla Moldavia e dalla capitale Bucarest. Migliaia di quei deportati morirono per le malattie, la fame e il trattamento brutale a cui furono sottoposti... alcuni vennero persino uccisi per gioco.

Ancora vi chiedo di guardare i vostri bambini negli occhi, in questo preciso momento.

Le autorità del cosiddetto Stato Indipendente Croato—un altro alleato della Germania, membro dell'Asse e governato dall'Organizzazione separatista e terrorista Ustascia—trucidarono praticamente l'intera popolazione Rom del paese, circa 25.000 persone. All'interno del sistema di campi di concentramento di Jasenovac, controllato dalla milizia Ustascia e dalla polizia politica croata, persero la vita tra i 15.000 e i 20.000 Rom.

Tutti morti!

Non si sa con assoluta precisione quanti Rom siano stati uccisi durante l'Olocausto, ma molti, tanti, troppi.

Dopo la guerra, la discriminazione contro i Rom continuò in tutta l'Europa dell'Est e in quella Centrale. La Repubblica Federale Tedesca, ad esempio, determinò che tutte le misure prese contro i Rom, prima del 1943, erano state misure ufficiali e legittime, contro persone che avevano commesso atti criminali e non, invece, il risultato di politiche dettate dai pregiudizi razziali.

Ma ci rendiamo conto?! Ma quanti avallanti accettarono e accettano ancor oggi questa cosa?

Un bambino rom, del ceppo dell'Aria, di tre anni, ucciso nei campi di sterminio, avrebbe commesso atti criminali?

Sarebbe meglio tacere, invece di dire o scrivere cose assurde.

Ah! Ma vuoi vedere che si trattò di un aspetto economico?

Magari qualcuno del ceppo dell'Acqua o della Terra o del Fuoco avrebbe dovuto pagare un risarcimento dopo la guerra.

Quindi, la decisione della Repubblica Federale Tedesca impedì, di fatto, che fosse riconosciuto un qualsiasi risarcimento alle migliaia di vittime Rom incarcerate, sterilizzate e deportate dalla Germania, senza aver commesso alcun crimine.

Niente danno, niente soldi. Mi spiace per te, ma non è colpa mia se sei un Rom!

La polizia criminale della Baviera, dopo la guerra, prese possesso dei documenti frutto delle ricerche del regime nazista, incluso il registro dei Rom residenti nella Grande Germania.

Non si sa come, ma, quasi quarant'anni dopo, il Parlamento della Germania Occidentale riconobbe ufficialmente che la persecuzione dei Rom, ad opera dei Nazisti, era stata motivata dal pregiudizio razziale, aprendo così la possibilità, per la maggior parte dei Rom, di fare domanda di risarcimento, per le sofferenze e le perdite subite sotto il regime nazista. A quel punto, però, molti, anzi potremmo anche dire tutti, tra coloro che avrebbero potuto presentare quella domanda, erano già morti.

Così niente soldi.

I Rom non ebbero risarcimenti, perché residenti in molti stati, ma non appartenenti a nessuno.

Ma altri ebbero risarcimenti?

Si, ci furono molti risarcimenti, che certo non hanno restituito le vite tolte, tuttavia hanno creato ulteriore differenza tra le vittime.

Dopo la seconda guerra mondiale, in seguito alla conferenza di Potsdam, tenutasi tra il 17 luglio e il 2 agosto 1945, la Germania dovette pagare agli alleati 23 miliardi di dollari statunitensi, soprattutto in macchinari e in stabilimenti di produzione.

Quanto andò ai Rom? Nulla!

Che poi, volendo dirla tutta, si parlò di risarcimento nel 1945, ma, fino al 1947, circa quattro milioni di prigionieri di guerra vennero utilizzati come forzati in Unione Sovietica, Francia, Regno Unito, Belgio e nella Germania sotto controllo americano.

Cioè qualcuno si accordò, altri intascarono dei soldi, mentre tanti uomini erano ancora ai lavori forzati? I Rom del ceppo dell'Aria, che furono tra questi forzati, chi li tutelò?

La Germania pagò ad Israele 450 milioni di marchi tedeschi, come riparazione per l'Olocausto, e tre miliardi di marchi al Congresso ebraico mondiale, per compensare i sopravvissuti di altri Paesi. Nessuna riparazione venne pagata, invece, per i Rom uccisi durante l'Olocausto.

Dunque nessuno nega che gli Ebrei subirono qualcosa di disumano, ci mancherebbe altro, ma perché il ceppo dell'Aria non fu considerato quando ci furono i risarcimenti?

Ora immaginate se i Rom, alla fine di questa triste storia, avessero avuto un risarcimento equo per il danno subito; oggigiorno avrebbero due o tre abitazioni a testa e molti soldi da parte. E nessun politico farebbe propaganda, come dopo vedremo per i campi Rom.

Anche il Giappone, in base al trattato di San Francisco e agli accordi bilaterali, si impegnò a pagare circa un bilione e trenta miliardi di yen. Alcuni paesi, però, rinunciarono a qualsiasi riparazione da parte del Giappone.

Negli anni ottanta, il governo degli Stati Uniti si scusò ufficialmente per l'internamento dei nippo-americani, durante la seconda guerra mondiale, e pagò delle indennità.

Qualcuno si scusò ufficialmente con i Rom, con i Sinti?!

Con i trattati di pace di Parigi del 1947, all'Italia fu imposto di pagare, come risarcimento dei danni provocati durante la guerra, 360 milioni di dollari americani, di cui 100 milioni all'URSS, 125 alla Jugoslavia, 105 alla Grecia, 25 all'Etiopia e 5 all'Albania.

Ma la nostra cara Italia fu esonerata dal riparare quanto fatto ai Rom, anche se si fosse trattato solo del fatto di girarsi dall'altra parte, quando un treno carico di bambini Rom partì per i campi di sterminio.

L' Italia, d'altronde, prima ancora di assumere questo nome, fu patria di Giulio, l'unico avallante di quasi duemila anni fa, ed è facile immaginare che a molti italiani non diede fastidio girarsi dall'altra parte.

Lo so, non piace leggere queste cose. So anche che molti di voi potranno pensare: "Ma chi sta scrivendo cosa avrebbe fatto in quella circostanza?"

Potrei dirvi che sarei stato anch'io avallante oppure un impavido eroe, ma nessuno potrà sapere davvero la verità; tuttavia la cosa che oggi cerco è una giustizia morale.

Non dimenticare è già giustizia, tardiva, ma giustizia. La Finlandia accettò di pagare riparazioni all'URSS per 300 milioni di dollari; la Finlandia fu, inoltre, l'unico Paese in Europa che pagò completamente tutte le sue indennità di guerra, ma a chi? Al ceppo dell'Aria?! No! Ancora una volta no, ai Rom e ai Sinti nulla! L'Ungheria, forse patria dei bisnonni di Hitler, si impegnò a pagare 200 milioni di dollari all'Unione Sovietica e 100 milioni alla Cecoslovacchia e alla Jugoslavia. Niente al ceppo dell'Aria, niente ai Rom. La Bulgaria accettò di pagare 50 milioni di dollari alla Grecia e 25 milioni alla Jugoslavia.

Detto questo, ci presentiamo con i quattro ceppi, alla fine del 1900, in situazioni molto diverse, come sempre fu.

Il ceppo del Fuoco non c'era e se c'era dormiva! Come avallante non sarebbe potuto restare sveglio; adesso e' ancora alla finestra e se può guadagnare qualcosa bene, altrimenti si mette da parte.

Il ceppo dell'Acqua, quello dei carnefici esecutori, che conservano ancor oggi tutti i privilegi, tuttavia non pagò mai per le colpe.

Vi ricordate i generali nazisti?! Molti infatti furono rintracciati dopo decenni, con vite passate a sollazzarsi nell'America del sud.

Altri non furono mai trovati, ma le loro proprietà passarono ai figli e ai nipoti, che accettarono le eredità, pur sapendo da dove venissero quei soldi.

Ma la vita ha fatto giustizia?

Ricordiamo uno per tutti, tra i comandanti delle SS, appartenenti al ceppo dell'Acqua: Erich Priebke, morto all'età di cento anni!

Capitolo Decimo

A questo punto penserete: "In duemila anni è successo di tutto!"

Il ceppo della Terra è numericamente in minoranza, tuttavia molti dei suoi appartenenti sono accreditati dittatori, capi di stato, persone importanti … decidono chi deve vivere e come deve vivere. Anche se nel mondo restassero solo dieci appartenenti al ceppo della Terra, potrebbe succedere una catastrofe.

Non tutti sono i diretti discendenti del ceppo della Terra, tuttavia hanno inspiegabilmente le stesse caratteristiche.

Rimane dunque il ceppo dell'Aria e, minuziosamente, riportiamo la sua situazione numerica attuale:

I Rom, i Sinti e i Camminanti sono una minoranza linguistica e culturale presente anche in Italia.I Rom sono il gruppo più diffuso e sono presenti in tutte le regioni.

I Camminanti, chiamati anche Siciliani Erranti, sono un gruppo nomade presente soprattutto in Sicilia.I Sinti sono un'altra etnia della popolazione di lingua romaní, parlatasoltanto da alcuni Rom e Sinti. Tradizionalmente i Sinti praticano attività circensi e di giostrai e vivono soprattutto nel nord e nel centro Italia.

In totale, i Rom in Europa sono tra i 10 e i 12 milioni e rappresentano la più grande minoranza etnica presente nel continente. Di questi, circa la metà, ovvero sei milioni, risiede nei Paesi membri dell'Unione Europea.

In Italia i Romsonocirca 175 milae rappresentano lo 0,25 per cento della popolazione residente nel Paese, una percentuale inferiore rispetto a quella presente in molti altri Paesi europei, come per esempio in Grecia (2 per cento), Spagna (1,8 per cento) e Francia (0,8 per cento).

Circa il cinquanta per cento dei Rom presenti in Italia ha la cittadinanza italiana. Gli italiani intervistati al riguardo, tuttavia, ritengono

- erroneamente - che questa percentuale non superi il dieci per cento.

Perché ora queste precisazioni?

Perché oggi i Rom vengono emarginati, ghettizzati da mentalità che vanno scardinate ...bisogna conoscere la verità e tentare di risolvere i problemi, quelli veri.

La metà dei Rom in Italia è costituita da Italiani, e questo non è poco.

Vanno dunque trattati da Italiani: stessi doveri e stessi diritti.

Bisogna però parlare di Italiani...in maiuscolo per aumentarne il rispetto.

In Italia ci sono Italiani con sangue arabo, bizantino, etrusco, latino... ma questo non comporta alcuna differenza: parliamo sempre di Italiani, e così dovrebbe essere anche per i Rom.

Bisogna poi vedere a che titolo è presente in Italia l'altra metà dei Rom, tuttavia per tutti non è giusto continuare a ricorrere a luoghi comuni.

È luogo comune fortemente sbagliato pensare che i Rom commettano indistintamente dei reati, alcuni dicono addirittura tutti i reati, e che questi vengano commessi perché questa è la natura dei Rom.

Con i numeri, i numeri giusti, potremmo capire che si tratta solo di una campagna elettorale, che ormai continua a suonare stonata.

Intanto è utile parlare dei reati in generale.

Lasciando perdere quelli commessi d'impulso, sulla scia di un attimo di gelosia o di pazzia, i reati vengono commessi o per necessità o per occasione.

I Rom vivono nei campi nomadi e lì commetterebbero tutti i reati del mondo?!

Questa espressione superficiale, e soprattutto sbagliata, viene smentita prendendo in esame alcuni reati.

Vogliamo parlare ad esempio di aggiotaggio?

L'aggiotaggio (dal francese agiotage, derivante a sua volta dall'italiano aggio ovvero cambio di valore) è un reato disciplinato dal codice penale. L'articolo 501, intitolato "Rialzo e ribasso fraudolento di prezzi sul pubblico mercato o nelle borse di commercio", recita:

«Chiunque, al fine di turbare il mercato interno dei valori o delle merci, pubblica o altrimenti divulga notizie false, esagerate o tendenziose o adopera altri artifizi atti a cagionare un aumento o una diminuzione del prezzo delle merci, ovvero dei valori ammessi nelle liste di borsa o negoziabili nel pubblico mercato, è punito con la reclusione fino a tre anni e con la multa da euro 516 a 25.822... bla,bla... la condanna importa l'interdizione dai pubblici uffici».

Pare impossibile che in un campo Rom venga ideato un reato del genere.

È più plausibile che venga pensato in aziende, in banche, in quelli che vengono definiti salotti buoni... magari vuoi vedere che questo reato viene commesso da qualcuno che non ha sangue Rom?

Si dice che i Rom non siano in regola, che non abbiamo documenti, che non dichiarino niente delle loro attività, fra l'altro illegali. Dunque, se le cose stanno così, sarebbero responsabili di tutte, pare migliaia, le bancarotte?

La bancarotta è un tipico reato fallimentare. I connotati della bancarotta sono riconducibili nel complesso a un'attività di dissimulazione delle proprie disponibilità economiche reali, oppure a un'attività di destabilizzazione del proprio patrimonio, diretta a realizzare una insolvenza, anche apparente, nei confronti dei creditori. L'esistenza di una sentenza dichiarativa di fallimento è però necessaria perché si possano configurare dei reati fallimentari.

Ma no, dai! Ma che tipi di reati tiri fuori?!

Loro i Rom sono responsabili di quei reati dove muoiono le persone!!!

Ah, davvero?

Leggiamo queste righe e vediamo dove si nasconde il Rom:

Trent' anni fa, la prima inchiesta partì grazie a una casalinga, la quale, esasperata dalla polvere rosa che ogni giorno era costretta a raccogliere sul suo balcone, in una casa popolare del quartiere Tamburi, il quartiere degli operai, chiese alla Pretura chi e perché faceva arrivare in quelle case tutto quel minerale. Vent' anni dopo, si è scoperto che dietro quella polvere non si nascondevano solo fastidio o sporcizia, ma una strage.

In tredici anni (dal 1998 al 2010) sono morte a Taranto 386 persone per colpa delle emissioni industriali. Negli ultimi sette anni, 174 morti, soltanto per colpa del Pm 10. I bambini si sono ammalati più di quanto avrebbero dovuto. Molti sono morti. Gli operai hanno avuto tumori o ulcere allo stomaco, i cittadini di serie B, quelli che abitavano i quartieri popolari a ridosso dello stabilimento siderurgico, condannati a vite brevi dalla geografia.

Non ricordo bene se, tra i dirigenti dell'Ilva, o tra i deputati e controllori, ci fosse qualche Rom...

Dunque, non tutti i reati vengono commessi dai Rom; anzi dirò di più, dopo aver fatto questo breve accenno ai reati, i Rom alcuni tipi di reati non li commettono in nessuna circostanza.

L'abbiamo visto in questa tragica storia, nel passato e purtroppo anche nel presente, ci sono reati che i Rom, gli angeli del ceppo dell'Aria, li hanno subiti e mai perpetrati.

Ad esempio i crimini generati dall'odio o più semplicemente i crimini dell'odio, dall'inglese "hate crimes", comprendono tutte quelle violenze perpetrate nei confronti di persone discriminate, in base alla loro appartenenza vera o presunta, ad un gruppo sociale, identificato sulla base della razza, dell'etnia, della religione, dell'orientamento sessuale, dell'identità di genere o di particolari condizioni fisiche o psichiche.

Insomma, basta!

I Rom rubano! Rubano perché lo dicono i politici e perché non si sa come possano mangiare, senza avere un lavoro.

Perbacco questo sì che è uno spunto interessante!

I Rom rubano perché non hanno un lavoro!

Abbiamo detto che i Rom in Italia sono 175 mila, ma dobbiamo dire che molti sono integrati, sono persone colte, hanno un lavoro ...

Facciamo finta che centomila, tanto per fare cifra tonda, siano senza lavoro e, quindi, secondo il credo popolare, costretti a rubare.

Questa affermazione va bene al politico di turno, che deve raccogliere i voti mediante un'intervista e poi tornare dall'amante! Perché le cose non sono così, ancora una volta! Se fosse vero che i centomila Rom sono poveri e dunque costretti a rubare, bisognerebbe considerare che, in base a dati usciti negli ultimi mesi, ci sono dieci milioni di italiani, sì dieci milioni, un italiano su sei, sotto la soglia di povertà…e che cinque milioni sono alla povertà alimentare!

Dunque se i centomila Rom, di cui parte sono sempre italiani, sono costretti a rubare, perché poveri, allora anche i dieci milioni di italiani saranno costretti a rubare!

Prendiamo la famosa vecchina, che ogni mese porta a casa la lussuriosa cifra di 500 euro netti di pensione …

Se, per sfortuna, la signora fosse costretta a pagare l'affitto, in quanto senza casa di proprietà, dovremmo pensare che pagherebbe dai 300 ai 400 euro al mese.

Dunque, in un mese di trentuno giorni, la signora avrebbe a disposizione 3,22 euro al giorno per bollette, cibo, medicine… lasciando stare gli imprevisti!

La signora non ce la fa e, nonostante crisi di coscienza, pianti, preghiere di scuse, si avvia al supermercato per rubare. Non è Rom, ma ruba.

Sì, ma allora chi sono i ladri?

I ladri sono quelli che rubano, non i Rom! Forse la vecchina è Rom?

No, ma la verità è che l'opinione pubblica considera colpevoli sempre gli stessi, pensando così di "risolvere" il problema.

Vi immaginate cosa succederebbe se i dieci milioni di italiani poveri andassero a casa del politico e chiedessero da mangiare?

Meglio far sapere a questi dieci milioni di italiani che il colpevole è il Rom, che ruba, che guida ubriaco.

"Ah, perbacco! I Rom guidano ubriachi, quei bastardi, è sempre colpa loro - grida ancora il politico di turno - hanno ucciso una donna!"

Per carità la cosa è gravissima, non voglio minimizzare, tuttavia… guardiamo ancora una volta i numeri.

In un anno sentiamo i telegiornali dare notizia di due, forse tre o addirittura quattro incidenti causati dai Rom. L'informazione viene ripetuta cinquanta volte, dalla mattina alla sera; seguono dibattiti, il solito o i medesimi politici che ne fanno propaganda, ma gli incidenti sono quattro e due di questi purtroppo hanno registrato anche vittime.

Gravi, gravissimi episodi, tuttavia quattro. Quattro in un anno.

Dobbiamo fare qualcosa! I Rom la devono smettere! Continua la propaganda politica. Sappiate che se avete dei problemi è tutta colpa dei Rom. Il ceppo dell'Aria è ancora perseguitato.

Gli incidenti causati dai Rom sono sempre quattro in un anno, forse però non è chiaro quanti incidenti ci siano in un anno in Italia.

Oggi giorno in Italia si verificano in media 590 incidenti stradali, che provocano la morte di 12 persone e 842 feriti. Nel complesso, ogni anno vengono rilevati 215.350 incidenti stradali circa, che causano il decesso di 4.237 persone, mentre altre 307.258 subiscono lesioni di diversa gravità.

Dunque?

Abbiamo visto che i Rom presenti in Italia sono 175.000, tra cui, però, ci sono neonati, bambini piccoli, anziani ultranovantenni, sicuramente non abilitati alla guida.

Oggi, se per caso ascoltate il telegiornale e non sentite parlare di incidenti, sappiate che comunque, purtroppo, ce ne sono stati 590, uno più uno meno, e che ci sono stati 12 morti.

Domani uguale, il giorno dopo ancora, e poi ancora…

Ogni anno, dunque, in questi 215.350 incidenti stradali, in Italia, muoiono purtroppo circa 4.380 persone, di cui quasi 3.000 conducenti del mezzo.

Ogni giorno, quindi, per dare un quadro completo e sincero della vicenda, la RAI dovrebbe annunciare:

Oggi ci sono stati 590 incidenti, 150 di questi sono stati causati da droga e alcool. Ho scritto 150, ma non mi sono sbagliato: è davvero così ogni giorno, malgrado il telegiornale si illumini solo per alcuni casi.

Dunque di questi 590 incidenti oggi nessuno è stato causato da Rom, e allora lo dobbiamo dire oppure no?!

Bisogna dire l'etnia?

Dunque dei 590 incidenti… 100 sono stati causati da caucasici, 100 da pronipoti di etruschi, tra cui 50 alcolizzati, 50 da ispanici, e i restanti 240? Non lo so, l'etnia e' difficile da identificare, ormai sono tutti di sangue misto! Potrei dire cento del ceppo dell'Acqua, cento del ceppo della Terra e quaranta del ceppo del Fuoco…

Mi spiace, ma oggi il ceppo dell'Aria non si sa dove fosse, non ha registrato incidenti. Oggi i Rom non hanno fatto nulla! Allora al telegiornale cosa diciamo? Diciamo qualcosa che interessa alle persone comuni, raccontiamo… che fa caldo e che l'anguria fa bene quando c'è afa?!

Sì, se ogni giorno venisse emanato il bollettino di guerra, si capirebbero troppe cose. Si apprenderebbe una volta per tutte che le cose non funzionano, che ci stanno prendendo in giro.

Vi immaginate cosa succederebbe conoscendo la verità?!

Oggi ci sono stati 590 incidenti: 28 in Liguria, 20 in Trentino, 40 in Lombardia, ecc. ecc.

Parliamo di ogni incidente, dal tamponamento sino ad arrivare a quelli gravi.

I dodici morti di oggi, perché ci sono stati?

Il primo morto si è avuto in Lombardia. Un commercialista di Varese, arrabbiato con l'amante, stava litigando con lei al telefono, che teneva con la mano destra. Ha svoltato proprio a destra, investendo un uomo di sessant' anni, che stava passeggiando con il cane, attraversando la strada sulle strisce. Non l'ha visto!

Il conducente dell'auto era anche assessore e litigava di brutto con l'amante, perchè voleva dare il benservito a lui, un politico locale!

L'auto ha schiacciato l'uomo sulle strisce.

Dunque un politico di turno dovrebbe impugnare la categoria dei commercialisti oppure quella degli uomini con amante?!

Non riuscirebbe a fare molta propaganda…magari gli converrebbe aspettare un incidente causato da un Rom! "Se fortunato" forse, tra un mese, si potrebbe verificare un incidente con uno del clan dell'Aria.

Eh sì! Ma in un mese, con 590 incidenti al giorno, significherebbe altri 17.700 incidenti, prima di averne finalmente uno causato da un Rom.

17.700 incidenti in un mese! Di cui 360 mortali!!!

Al politico, dunque, di questi incidenti non conviene parlare. Va a finire che si scopre che il problema non è il ceppo dell'Aria, non sono Rom o Sinti... il problema è l'Italia con le sue leggi malfatte, inesistenti, non rispettate.

Cosa succederebbe se davvero si conoscesse la verità?

Quello degli incidenti è solo un esempio, tuttavia dobbiamo approfondirlo.

Pensate, ogni giorno il telegiornale descrive i dodici incidenti mortali, tralasciando ovviamente gli altri, perché un tamponamento davvero non fa notizia.

Ecco: incidente mortale a Mantova, a Verona, poi a Palermo, a Cesena, ancora a Genova, a Roma... a Bari, a Reggio Calabria ... a Trieste, a Trento, a Torino... e quello a Varese del commercialista...tutti oggi!

Dodici, tutti mortali... e dovremmo ascoltare ogni particolare: un conducente era ubriaco, uno drogato... uno assonnato... uno arrabbiato... uno distratto... uno semplicemente stronzo, tuttavia non c'erano Rom.

Incredibile! Tra i dodici automobilisti di oggi neppure un Rom, e non ci sarà neppure domani e dopodomani.

Davanti alla televisione, la famiglia media italiana, all'ora di cena, si chiederebbe:"Ma cosa diavolo succede?"

Dodici incidenti mortali? Dodici incidenti come ieri, come domani? Ma cosa sta succedendo in Italia? Oppure cosa non sta succedendo?

Ci mandano a morire, perché non fanno il loro dovere, perché sono impegnati a curare i loro interessi?

Accidenti è meglio non dire nulla, altrimenti la gente si sveglia, il popolo si arrabbia... aspettiamo che arrivi un Rom e facciamo rumore: in quel caso e solo in quel preciso momento, grideremo che e' una vergogna e faremo dieci puntate televisive sul degrado del popolo Rom in Italia; parleremo del ceppo dell'Aria solo quando fa rumore.

Qualcuno penserà che gli incidenti non si possono fermare, che la colpa e' di ogni singolo individuo, ma non è vero

Gli incidenti si possono ridurre drasticamente, ma bisogna lavorare onestamente e non perdere tempo nei talk televisivi... a parlare dei Rom.

Le strade devono essere perfette ... e se le strade fanno schifo non è colpa di qualche etnia, è colpa di qualche ladro o corrotto.

Un asfalto può durare vent'anni, se non di più, mentre in Italia può durare anche solo qualche settimana, questo perché non è vero asfalto. Per rubare, per fare profitto, si mette spazzatura al posto dell'asfalto, perché per ricevere una tangente si dà l'appalto ad un imprenditore poco affidabile; le colpe, però, devono ricadere sui Rom..

I bordi della strada devono essere puliti, ci deve essere possibilità di fermarsi in sosta, in caso di pericolo, non ci devono essere ostacoli, i cartelli e gli alberi non devono essere pericolanti. E, invece, è tutto diverso, sempre perché qualcuno non fa il proprio dovere oppure perché specula sulla sicurezza.

Le automobili non devono andare oltre i 130 km orari, ma il limite non viene rispettato, quindi sarebbe necessario programmarne la velocità, costruendo auto che non consentano di raggiungere velocità superiori a quella massima stabilita.

Purtroppo, l'interesse economico viene prima di tutto.

Le auto che circolano sono in parte nuove, in parte accettabili, ma molte, troppe, sono rottami pericolosi; chi fa i controlli, per stabilire a quale etnia appartengono?

Oppure non si fanno i controlli?

Domanda retorica, ma andiamo avanti.

Per garantire sicurezza, sarebbe opportuno non far guidare persone anziane, che, pur essendo italiane, sono rincoglionite dai loro rispettabili novant'anni d'età.

Addirittura, anche se costerebbe molto, sarebbe possibile togliere la nebbia!

Non ci credete?!

Prima di tutto vorrei informare il solito politico di turno, del quale non ho mai citato il partito, perché è solo un esempio, che la nebbia non è di etnia Rom e provoca centinaia di vittime.

La nebbia è il fenomeno meteorologico, per il quale una nube si forma a contatto con il suolo. È costituita da goccioline di acqua liquida o cristalli di ghiaccio sospesi in aria e limita la visibilità della strada. Dunque come toglierla?

È facile togliere la nebbia: basta avere un'autostrada del futuro, con dei bocchettoni che, in caso di nebbia, appunto, diffondono aria più calda e la nebbia sparisce.

Visto? L'aria, come il clan dell'Aria, può anche salvare la vita.

Costa, ma salva centinaia o migliaia di vite. Certo poi non bisogna rubare gli appalti, lavorare seriamente e mantenere tutto funzionante.

Dunque stiamo uscendo di tema? No, assolutamente.

In Italia, come in altri paesi, le cose non funzionano come dovrebbero e così si cerca, come da migliaia di anni, un colpevole.

Dunque, per arrivare alla conclusione, chi sono oggi i componenti dei vari clan?

Il ceppo dell'Aria, è presente, come già detto, con 175.000 persone Rom o Sinti, in Italia, e circa la metà di queste ha la cittadinanza italiana.

In questo clan ci sono persone che lavorano in Italia, che hanno sfondato nella vita, come, ad esempio, Zlatan Ibrahimović, giocatore, tra le altre squadre, del Milan. Infatti, il padre di Ibrahimovic è bosniaco di passaporto, ma Rom di origine indiana.

Però pare che sia più importante citare un altro Rom, che magari ha rubato una grondaia.

Oggi il clan dell'Aria è un gruppo costituito da molte persone oneste, ma ancora serve il colpevole e quindi parliamo solo del Rom che ruba o di quello che guida ubriaco, dimenticando tutti gli altri.

La maggior parte dei Rom e dei Sinti è legata alla propria cultura, alle proprie tradizioni, alle proprie famiglie. Molti si sono davvero integrati, malgrado i pregiudizi, ed esercitano mestieri comuni come l'addestratore, l'apicoltore…il boscaiolo,il ballerino…il carrozziere,il coltivatore e non cito volontariamente tutto l'elenco dei lavori.

I Rom e i Sinti, tutto il clan dell'Aria, e' composto da persone normali, con una piccola percentuale di disonesti, tanti quanti se ne possono trovare in altri ceppi.

Certo ci sono delle cose da risolvere, come i campi rom, che oggi rappresentano una ghettizzazione, ma senza grosse differenze rispetto ai mini appartamenti occupati da venti persone, magari abusivamente, magari al centro di Milano, magari da milanesi.

Un Rom non può vivere in un campo, bruciare la spazzatura e mandare il figlio a chiedere la carità, esattamente come un'altra persona, magari milanese, solo per fare un esempio, non può vivere in un appartamento con altre venti persone, circondato da siringhe e scarafaggi.

Il degrado non e' Rom oppure Etrusco, il degrado è degrado e basta! Come tale intollerabile, così come gli altri reati non sono tollerabili mai.

Tuttavia un furto è furto sia se perpetrato da un Rom, che ruba in appartamento, sia se perpetrato da un politico, che si fa rimborsare con delle "escort".

È ora di finirla con il degrado, con i furti, ma anche coi pregiudizi. E restiamo saldamente in groppa alla nostra storia.

Il clan dell'Acqua, quello dei carnefici esecutori, oggi è composto da gente che in passato ha commesso cose brutte, orrende, ma che poi si è mescolato con la gente comune e fa finta di niente. I suoi appartenenti pensano che nessuno si accorga di loro.

Si sono convinti che, dopotutto, la colpa sia di chi ha suggerito le atrocità, da loro messe in pratica per sbaglio.

Tuttavia scappano, confermando la loro colpevolezza. Si tratta di un'erba difficile da estirpare.

Il clan della Terra è composto da persone mostruose, che non si preoccupano di ordinare stragi sia con i mitra sia con l'amianto.

Hanno idee che muovono soldi, interessi, poteri, e in nome di questi uccidono!

E il clan del Fuoco?!

Purtroppo siamo noi, tutti noi i componenti del clan del Fuoco.

Sì, perché se non vediamo i soprusi che subiscono le vittime, se non facciamo nulla per aiutare chi è più debole, per non alimentare i pregiudizi, che non scardiniamo solo perché è più facile stare zitti, allora apparteniamo anche noi al clan degli avallanti.

A questo punto, potremmo cominciare a pensare che nelle nostre vene sta scorrendo sangue misto, che potrebbe avere cento provenienze diverse e magari una o più potrebbero anche essere Rom o Sinti. Sarebbe il primo passo per capire che, in realtà, siamo davvero tutti uguali e che, come è giusto condannare chi sbaglia, è altrettanto giusto non avere nessun tipo di pregiudizio.

Sommario